ゼロからはじめて、
大きく稼ぐ！

オンライン集客の教科書

The Textbook of
Online Customer
Acquisition

アポロン陽子
Apollon Yoko

つた書房

本書をお読みいただく上での注意点

- 本書に記載している情報は、2025年1月時点のものです。オンラインツール（SNS、プラットフォーム等）は頻繁にアップデートや規約変更が行われますので、ご利用の際は必ず各公式サイトにて最新情報をご確認ください。
- 本書で紹介している各サービス（Kindle出版、ストアカ、Meta広告、LINE公式アカウント、UTAGE等）の仕様や機能、利用規約は、各運営会社により予告なく変更される可能性がございます。
- 本書の内容は、筆者の経験と知見に基づいておりますが、ビジネスの成果には個人差があることをご了承ください。
- 特にAIツール関連（第5章）の内容は、テクノロジーの進歩が著しいため、本書発売時点で既に更新が必要となっている可能性がございます。ChatGPTの最新機能や使用方法については、OpenAI公式サイトをご参照ください。
- 本書の情報は、予告なく変更される可能性がございますので、予めご了承ください。

はじめに

「もっと自由に、もっと豊かに」

そんな願いを持ってビジネスを始める方が増えています。特にこの数年、オンラインで商品やサービスを提供する個人事業主が急増しました。

しかし、「集客の仕方がわからない」「SNSに振り回されている」「思うような成果が出ない」という声をよく耳にします。毎日投稿を続けているのに反応が少なく、疲弊してしまう方も少なくありません。

「Instagram毎日投稿しているのに、全然反応がありません……」

「FacebookやXで情報発信しているけど、なかなか売上につながらなくて……」

このような悩みをお持ちではありませんか？

私は、これまで2000人以上の事業主の方を指導・コンサルしてきましたが、オンライン集客を始めた方の多くが、まずSNSから始めようとします。そして、ほとんどの方が同じ壁にぶつかってしまうのです。

実は私自身も、オンラインビジネスを始めた時、SNSでの情報発信に苦労した1人です。パソコンインストラクターとして教えていた経験も長く、英語教室のHP集客をコンサルしていたにもかかわらず、SNSでの集客が上手くいかず時間とお金を無駄にしてしまいました。実は、SNS集客には効果的な「仕組み」があるのです。SNSに振り回されることなく、あなたらしい方法で、着実にファンを増やし、売上を伸ばしていける方法があります。

また、SNSだけでなく、オンラインで集客をするにはさまざまな手法があり、SNSだけにこだわらずに、やりやすいところから始めれば精神的にも楽です。

そして、集客の手法が何であれ、実は商品設計の段階から集客が上手くいくかどうかのカギがあるのです。

この本では、ゼロからオンライン集客の仕組みを育てる方法をお伝えしていきます。まずは、集客の要となる商品コンセプト設計から始まり、

1. 他力を借りて最小限の労力で集客を始める方法
2. SNSを効率的に活用してファンを増やすコツ
3. 有料広告で更なる飛躍を目指すテクニック
4. AIを活用して作業を自動化する最新手法

まで、オンライン集客の仕組み化と自動化を叶えるために必要なことをすべてお伝えします。

これまでは多大な労力が必要だったオンライン集客が、AIの力を借りることで、驚くほど効率化できるようになりました。本書の中で具体的な活用例をお伝えするとともに、実践で活用いただけるAIプロンプトの数々を読者プレゼントとしてご用意しました。まずはプレゼントをダウンロードしていただき、本書を読みながらすぐに実践していってください。


私自身、数々の失敗を経験し、さまざまな方法を試行錯誤してきました。そしてこれから、私がお伝えする方法で、多くの方が成果を出されています。驚くほど労力は減り、売上は伸び、そして何より、自分らしい発信と生き方ができるようになったと喜びの声をいただいています。

この本を読み終える頃には、あなたも自分だけの集客の仕組みを手に入れているはずです。

そして、より大きな可能性に向かって、新たな一歩を踏み出しているでしょう。
さあ、一緒にあなたの夢を叶える集客の仕組みを作っていきましょう！

オンライン集客・出版コンサルタント　アポロン陽子

Chapter 01

売れる仕組みを理解し、集客の自動化を設計する

Chapter 02

他力集客で効率的に見込み客を獲得する

Chapter 03

無料集客で安定した集客基盤を作る

Chapter 04

有料集客で売上を加速させる

Chapter 05

生成AIを活用し、集客と販売を効率化する

読者プレゼント
7大特典

「認知」「共感」「信頼」「行動」
のプロセスを構築するための

1. コンテンツ設計シートと解説動画
2. コンセプトメイクのプロンプトと解説動画
3. 書籍目次作成のプロンプトと解説動画
4. 書籍本文を書かせるプロンプトと解説動画
5. ストアカ講座作成プロンプトと解説動画
6. インスタ投稿作成プロンプトと解説動画
7. UTAGE導入初期設定完全解説動画

特典申請は
こちらから

https://u.apollonacademy1.com/p/aHHh2YP30Sqw

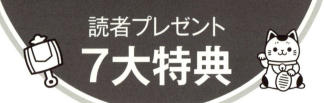

Chapter
01

売れる仕組みを理解し、集客の自動化を設計する

Section 01

売れる仕組みがなければ集客は無駄になる

集客だけでは売れない理由を理解する

多くの起業家や個人事業主が自分のサービスを売ろうとするとき、もっとも力を入れるのが「集客」だと思います。集客にはさまざまな方法がありますが、もっとも悪手なのは、「テクニックに注目するあまり、その背後にある売れる仕組みを見落としてしまうこと」です。実際私の受講生さんでも「いろんな集客を試したのに、結果が出なかった」と相談に来られた方が何人もいます。どうしてそうなってしまうのか。それは、マーケティングの基本プロセスである「認知→共感→信頼→行動」を理解せず、進めてしまうからです。

大切なのは、まずはこのプロセスを理解し、それに基づいて集客活動を行うこと。この流れがしっかり把握できれば、「自分にとって必要な集客」の方法がわかり、効率的に売上を上げることができるようになります。

では、認知・共感・信頼・行動とはそれぞれどんな性質のものなのか、説明していきます。

まず、「認知」とは、ターゲットとなる顧客に自分の存在を知ってもらうことです。ここで大切なのは、ただ単に多くの人に知ってもらうことではありません。「適切なターゲット層に知ってもらう」ことです。そのためにSNSや広告を活用し、ターゲット層に直接アプローチしていくのです。ただし、それだけでは売上には直結しないことをまずは覚えておきましょう。

次に「共感」とは、顧客があなたのメッセージやブランドに対して感情的に共鳴することを指します。「このメッセージは私に向けられたものだ」「私もこんな悩みがある」こんな風に共感してもらうためには、何よりターゲットの悩みやニーズを深く理解し、それに応じたメッセージやコンテンツを提供しなければなりません。それを伝えるためには、いかに顧客の心に響くストーリーを作り、それをブログやSNSでどのように発信していくかがとても重要になります。

続いて「信頼」は、顧客があなたやあなたのビジネスに対して信頼を寄せることを意味します。信頼を築くためには、嘘偽りのない情報を伝えることや、顧客との継続的なコミュニケーションが欠かせません。メールマガジンやLINEで顧客が知りたい情報を定期的に届けることや、Zoomやリアル会場でのセミナーや講座、個別相談などで直接会話をすることが重要なカギになってきます。「この人から得た情報は間違いない」と思っていただくことが、ここでの「信頼」です。信頼がないと、見込み客はいつまでたっても購入はしてくれないのです。

最後に「行動」は、見込み客が実際に商品を購入したり、サービスを利用したりすることを意味します。行動のフェーズでは、行動を促すための明確なオファーや、行動を起こしやすい環境を整えることが必要です。例えば、購入までのステップをシンプルにしたり、購入ページやランディングページで顧客の不安を解消したり、限定オファーを提示したりすると効果的です。「これ、買ってみようかな」という気持ちを後押しする環境づくりが行動部分での「本質」です。

● 集客から成約までのプロセス

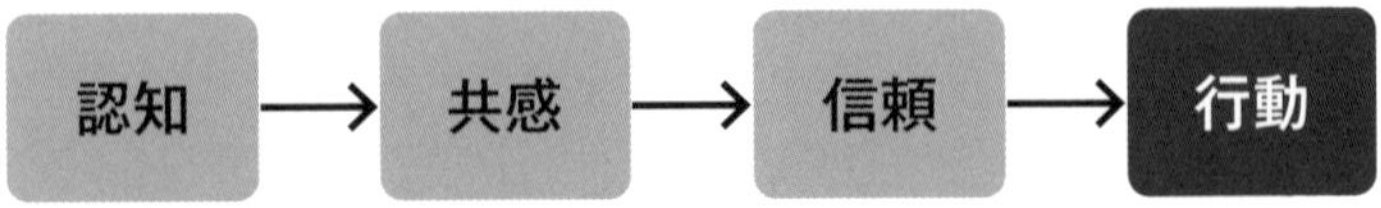

認知〜行動までのプロセスをお話してきましたが、多くの人はこの「認知」の段階で満足してしまい、共感や信頼を築くための施策を行いません。実はこれが、集客はできても売上につながらない最大の理由です。

ビジネスを成長させるためには、認知だけでは足りません。あなたの商品やサービスに興味を持ったいわゆる「見込み客」が「認知↓共感↓信頼↓行動」のプロセスをスムーズに進めるよう、設計することが何よりも大切なのです。

売れる仕組みを実践するためのステップ

ここから私と一緒に、認知・共感・信頼・行動それぞれのプロセスでしっかりと仕組みを組み立てていきましょう! 見込み客があなたの提供する商品やサービスを知り、価値を見出し、検討の上、最終的に購入を決断するためには、「そのプロセスに合った」情報提供が欠かせません。それらのことを踏まえて、「認知↓共感↓信頼↓行動」という集客プロセスのそれぞれの段階で、「どこで」「何をして」「どうやって次の段階へ移すのか」を明確にすること。これがもっとも大切です。

Section 02

マーケティングの基本プロセスを理解する

認知を獲得するための最適な方法を知る

認知では、「自分の存在を多くの人に知ってもらうこと」がメインテーマです。この「認知獲得」は、「共感」「信頼」「行動」へとつなげる土台となります。では、認知を広げるためには、どのような手法を選ぶべきなのでしょうか。

まず考えたいのは、すでに集客基盤が整っているプラットフォームを活用し、効率的に認知を獲得していく手法です。これを私は「他力集客」と呼んでいます。自分自身で1から集客を行う必要はなく、認知のためにかける労力が一番少ないのです。しかもコストがかからないので、これからビジネスを始めようと思っているみなさんにとっては、時間と労力を節約しながら成果を出す近道と言えます。

次に考えたいのは、SNSの活用です。SNSと一口にいっても、さまざまな媒体があります。その中でもInstagramやTikTok、X、Facebookなどは、特定のターゲット層に対して直接アプローチできる強力なツールです。とくにInstagramは、画像や動画を通じて自身の商品やサービスの世界観をビジュアルで伝えられるので、ファッション関連やライフスタイルといった「感性に訴える」商品やサービスに適しています。TikTokは高い拡散力が特徴で、エンタメ性のあるブランディングやEC販売に向いています。Xは、リアルタイムでの情報発信が得意で、新しい商品やサービスといった「お知らせ」を素早く届けたいときに効果を発揮してくれます。Facebookは、本名での利用がルールとなっている点から、リアルな人間関係をベースにした信頼性の高い情報発信ができます。オンラインだけでなく、オフラインのつながりをビジネスに活用しやすく、実名での発信だからこそ、起業家・講師・コンサルタントなどの個人ブランドの確立に向いています。

ブログやYouTubeも認知を得るための強力なツールです。ブログは、顧客がネット検索で情報を探す際、その検索結果に表示されるので、新規顧客にリーチする手段として非常に有効です。SNSの情報は偶然に無意識の顧客の目に止まるのに比べて、ブログの情報は、顧客の方から意識的に探して見つけてくれるため、あなたの情報に出会ったときの興味関心度が高いことも、その先の「共感」につながりやすいのです。とくに、専門的な知識やノウハウを持っている場合、それを記事にすることで、信頼性の高い人だという認識をしてもらえます。YouTubeは動画コンテンツを通じて、ビジュアルと聴覚の両方に訴求できるため、人々の記憶に残りやすいのが特徴です。商品やサービスの使用感や効果を直接伝えたい場合に使うといいでしょう。

さらに、広告も重要な手段の一つです。Google広告やMeta広告（Facebook広告、Instagram広告）は、ターゲット設定が非常に柔軟で、年齢や性別、興味関心などを細かく指定して配信できるため、「この人に届けたい」というターゲット層にピンポイントで認知を広げることができます。ただし、広告はコストがかかるため、予算を決めて活用すると良いでしょう。

さまざまな手法をお伝えしてきましたが、手法を選ぶ際は「ターゲットとする顧客層がどのようなメディアを利用しているのか」をしっかりと把握してから使用するようにしましょう。例えば、商品やサービスが20〜30代の層をターゲットにするのであれば、InstagramやTikTokが有効ですし、40代以降のターゲット層にはブログやFacebookでの情報が好まれます。ビジネスジャンルによっても、文字情報が好まれるか動画や画像が好まれるかの違いがあります。

また、ただ認知を拡大するだけでなく、ターゲットに対してニーズに合った印象を与えることも大切です。例えば主婦向けであれば、「主婦感覚を理解している」「親しみやすい」といったイメージを持たれるよう意識するといいでしょう。また、ブランドの価値観やメッセージを一貫して伝えることでファンを増やすことにもつながります。

ターゲット層に合った発信媒体を選び、発信していくことが認知を獲得するはじめの一歩です。まずはあなたの商品やサービスが「誰に向けられたものか」を確認し、効果的な認知拡大へとつなげていきましょう。

共感を生み出し見込み客との距離を縮める

さて、認知獲得は大切な第一歩ですが、それだけでは見込み客との関係を深めることはできません。確実に売上につなげるためには、次のステップとして「共感」を生み出すことが大切です。ここでいう「共感」とは、見込み客があなたの商品やサービスに対して親近感を抱き、感情的に共鳴する心の動きのことを指します。

では、共感を得るためにはどうすれば良いのでしょうか。その方法のひとつが、「ストーリーテリング」を活用することです。ストーリーテリングとは、「ストーリーを語ることで、自分事のように感じてもらうこと」をいいます。例えば、「自分がどうしてビジネスを始めたのか」、「どんな困難を乗り越えてきたのか」、あるいは「どのようにして顧客の問題を解決してきたのか」などを語ると、見込み客はあなたの経験をまるで自分のことのように感じることができます。このような「感情的な共鳴」が、共感なのです。

ＳＮＳやブログでの発信においても、共感を得られやすいメッセージを配信することがとても大切です。そのためには、３つポイントがあります。１つ目は、ターゲットがどんなことに関心を持ち、どんな悩みを抱えているのかを深く理解すること。２つ目はターゲットが心の底から手に入れたい理想の未来について深く理解すること。３つ目は親しみやすい言葉遣いや寄り添ったアドバイスをすることです。この３つを意識することで、あなたの発信はグッと心に響くものになります。

実際私は、それに加え自分の成功ストーリーも語るようにしました。そうすることで、読み手は「それなら自分にもできるかもしれない」と感じてくれ、より強い共感を生むことにつながったのです。

このように共感を生み出す発信を続けることで、見込み客との距離は自然と縮まります。見込み客があなたの発信内容をまるで自分のことのように感じ「この人の発信はすごくためになる」と思っていくことで、次第に信頼は深まり、行動に移す準備が自然と整っていきます。この共感は信頼へとつなぐ、大事なフェーズです。日ごろから「ターゲットのあるある」話や、「悩みあるある」などをリサーチしておき、共感ボルテージを高めておきたいものです。

信頼を構築し購買へのハードルを下げる

見込み客の共感を得た後、次に大切なのは「信頼を築く」ことです。信頼がなければ、見込み客は残念ながらあなたの商品やサービスを選びません。ではどうすれば信頼構築ができるのか。それには、大きく分けて4つの方法があります。

1つ目は、「自身の実績を見せること」です。例えば自分が顧客のどんな悩みを解決してきたか。また、顧客ニーズをどんな風に満たすことができたのか。実績を具体的に丁寧に伝えることで、見込み客に「この人なら安心できる」と思わせることができます。「お客様の声」や「成功事例」をウェブサイトやSNSに掲載し実績を示していきましょう。

2つ目は「権威性を伝えること」です。権威性とは、あなたの専門性や実績、信頼、そして社会的な評価や影響力によって築かれたものです。例えば、業界での受賞歴やメディアでの紹介実績、あるいは専門的な資格を持っているなら、それもアピール材料になります。積極的に発信していきましょう。

3つ目は、「口コミやレビューを集めること」です。1つ目と2つ目はあくまでも、「自分からの発信」のため、アピールにはどうしても限界があります。一方第三者からの評価である口コミなどは、「他者があなたを認めている証拠」なので、非常に影響力があるのです。ポジティブなレビューを積極的に集め、それを公開することで信頼度を上げることができます。反対にネガティブなレビューに対しては真摯に対応する姿勢を見せることで誠実さをアピールすることができ、同じく信頼度を上げることができます。口コミやレビューをぜひ活用していきましょう。

4つ目は、「無料コンテンツや特典を提供すること」です。共感の段階では、まだ見込み客はあなたの商品やサービスの本当の価値がわかっていません。そこで無料のセミナーや試供品を提供することで、あなたのサービスがどのように役立つのかを実感してもらい、そこで確信を持ってもらうのです。と同時に、見込み客が商品やサービス購入を決断する際の心理的なハードルを下げることができます。

紹介してきたような方法を組み合わせることで、見込み客はあなたのサービスや商品に対して安心感を持ち、購入へと進みやすくなります。信頼を築くことは決して一朝一夕では達成できません。めげずに地道に続けていくことが大切です。

◎行動を促すためのオファー設計を理解する

認知・共感・信頼を経て、あなたの商品を買いたくなった見込み客に、「買う」という行動を起こしてもらうためには、魅力的なオファーを提供することが大切です。これを私は「行動を促すオファー」と呼んでいます。

このオファーは、単なる商品やサービスの紹介ではありません。魅力的な特典や条件を盛り込み、見込み客に「これを逃したら損をする」と感じさせることが重要です。例えばみなさんも「期間限定商品」「これを逃したらもう買えません！」という表示を見たことがあると思います。そうなると「あ、そうなんだ！　じゃあ今買わなくちゃ！」と感じますよね。これこそが「行動を促すオファー」です。

では、行動を促すオファー設計を、次の順序で設計していきましょう。

まず1つ目に考えるべきは、「価格設定」と「差別化」です。といっても、単に安ければ良いというわけではありません。大事なのは、「見込み客が感じる価値と価格が釣り合っているかどうか」です。さらに、同じ価格帯の商品が複数あると、当然見込み客は比較検討します。その際、特典や付加価値をつけてあげると、それが差別化となります。期間限定の特典や割引を設けることで、見込み客に「今すぐ購入しなければならない」という気持ちにさせることができます。

２つ目として、「リスクを軽減する保証制度」も効果的です。例えば「30日間返金保証」や「無料トライアル期間」などを提供することで、見込み客は「失敗しても大丈夫」という気持ちになり、安心して商品を購入できるようになります。とくに高価格帯の商品やサービスにおいては、この保証制度を取り入れると成約率がグッと高まります。

３つ目は、「限定」「希少」「第三者の証明」を提示し、心理面へアプローチをすることです。例えば限定性を持たせるために、特典の数を制限したり、期限を設けたりすることで、購入を

● オファー設計の要素

価格設定と差別化

↓

期間限定の特典や割引

↓

リスクを軽減する保証制度

↓

限定・希少・第三者の証明を提示

↓

LP

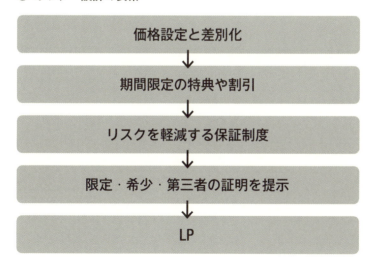

促すことができますし、他の顧客のレビューや成功事例を提示すると「他の人も買っている」という安心感から、購入のハードルを下げることができます。

4つ目は、「LP（ランディングページ）を作成し顧客に読んでもらうこと」です。LPは見込み客が最初に見る場所であり、ここでの印象が成約に大きく影響します。LPでは、インパクトのあるデザインや、商品やサービスの特徴がわかりやすいキャッチーなコピーを付けるようにしましょう。CTA（コール・トゥ・アクション）を明確に配置し、見込み客がスムーズに次のステップに進めるような動線も意識したいものです。

このように、行動を促すオファーを設計する際には、価格設定、特典、保証制度、心理的アプローチ、そしてLPの設計などトータルで考えていく必要があります。このようなアプローチを仕掛けることができれば、見込み客が「今すぐ行動したい」と感じるようなオファーになります。今すぐ購入したくなるようなオファーを設計していきましょう。

Section 03

フロントエンドとバックエンドを設計する重要性

フロントエンドの役割と最適な設計方法を理解する

認知から行動までの具体的な手法がわかったところで、今度は「商品」の設計、それもフロントエンドとバックエンドを設計していきましょう。

フロントエンドとは、見込み客が最初に接する商品やサービスのことを指し、顧客との最初の接点となります。ここでの体験が良ければ、顧客は次のステップへと進みやすくなりますが、逆にここでの印象が悪ければ、その後の関係構築が難しくなってしまいます。

バックエンドとは、ビジネスの収益の柱となる商品やサービスであり、顧客の課題を深く解決し、より大きな価値を提供するものです。フロントエンドで満足した顧客は、バックエンドの商品やサービスに対しても興味を持ちやすくなります。そのため、フロントエンドは単なる

「お試し商品」ではなく、バックエンドにスムーズに移行できるような設計が求められます。

ではもう少し、フロントエンドのことを深く知っていきましょう。フロントエンドとは、顧客にとっての最初の接点、すなわち「入口」です。顧客はこの段階で、あなたの提供する価値を初めて体験するわけです。つまり、顧客には「ワクワク」してもらい「どんなものなんだろう」と期待感を持ってもらわなくてはいけません。

大事なのは、その「ワクワク」感を消さないこと。そのため、まずは提供価値をしっかり明確にしましょう。フロントエンドで提供する商品やサービスは、顧客の問題を解決するものでなければなりません。この際、具体的な事例やデータを用いて「この商品がいかに優れているか」を示すことも大切です。

その上で、顧客が「手軽に試せる価格」に設定しましょう。これは、見込み客がリスクを感じずに購入を決断できるようにするためです。といっても、「単に安価な商品を提供する」だけでは足りません。その価格以上の価値を感じてもらえるよう、初回限定の特典をつけたり、無料体験を提供したりすると「バックエンドも買ってみようかな」という動機付けになります。

また、フロントエンドを購入してもらうことにはもうひとつ重要な意味があります。それは、顧客の連絡先などの情報すなわち「リスト」を獲得することです。これは、今後売込をしていく際に必要な情報となります。この「リスト獲得」の方法にも注意しましょう。例えば、ウェビナーや無料の電子書籍を提供する際は、必ずメールアドレスを登録してもらう。あるいは、商品を試してアンケートに答えると特典をプレゼントする際にその受取先としてメールアドレスを登録してもらう。このようなひと工夫で、見込み客のリストを集めていくことができます。

バックエンドを構築し利益を最大化する方法を知る

では、バックエンドはどのように構築していけばいいのでしょうか。前述したように、バックエンドとは、フロントエンドで獲得した顧客に対して提供する本格的な商品やサービスのことであり、ビジネスの収益を支える重要なコンテンツになるものです。では、どのようにしてバックエンドの設計をすればいいか考えていきましょう。考えるべきポイントは、3つあります。

1つ目は、バックエンドの価格設定です。大事なのは顧客にとっての価値とビジネスの利益のバランスをとることが重要です。高すぎる価格は顧客を遠ざけてしまいますし、低すぎる価格では利益が十分に得られません。ではどうすれば良いか。まずは、競合他社の価格帯をリサーチしてみましょう。すると相場がわかり、自分の商品やサービスの価値を改めて確認することができます。また、価格に応じた商品やサービスのバリエーションを用意すれば、異なるニーズを持つ人を顧客にすることもできるでしょう。

2つ目に、購入までの導線をしっかりと設計することです。顧客がスムーズに購入へと進むためには、購入プロセスがシンプルでわかりやすくなければいけません。例えば、オンラインストアであれば、購入ページへのリンクを明確にする。名前や住所など入力項目は最低限に絞り込む。購入後、顧客が商品やサービスに満足し、その後も継続的に利用してもらえるよう、アフターサービスやサポート体制を整える。このような設計をすれば、顧客はストレスなく購入へと進んでくれます。

3つ目は、顧客のＬＴＶ（ライフタイムバリュー）を高める戦略をとることです。ＬＴＶとは、顧客が生涯にわたってもたらす利益のことを指します。ＬＴＶを高めるためには、顧客と長く付き合い、リピート購入を促進する仕組みを整えることが大切です。定期的なコミュニケーションや、顧客のニーズに応じた新商品の提案などを適宜行うことで、あなたの「一生のお客様」になってくれることでしょう。

顧客のニーズに合ったバックエンドを構築することで、あなたは安定した収益を生み出す商品やサービスを持つことができます。これは大きな強みですし、また顧客にとっても魅力的な商品やサービスを得られるため、W・i・n-W・i・nの関係を築くことができます。バックエンドを作成する際には、徹底的に顧客視点に立ち、顧客の期待を超える価値を提供することを心がけていきましょう。そのマインドもまた、利益を最大化させる大事な要因のひとつです。

フロントエンドとバックエンドを連携させる販売戦略を理解する

フロントエンドとバックエンドの両方の商品設計の概要をつかんだところで、次は「連携させること」を考えていきましょう。フロントエンドは、顧客が最初に接触する商品やサービスであり、バックエンドは顧客の課題を深く解決し、より大きな価値を提供する追加の商品やサービスです。この2つをバラバラで考えるのではなく、一貫した販売戦略として設計すること。

それによって、より高い成約率と利益を確保することができるからです。
大きな流れで考えるとフロントエンドまでで認知・共感・信頼を獲得しバックエンドを購入するという行動に至るということです。

フロントエンドとバックエンドの連携がきちんととれているか、常に見直すこと。さらに、時代や顧客のニーズの変化によって、顧客が欲しがる商品やサービスは変わっていくものです。フロントエンドとバックエンドの内容や提供方法も改善しながら、常に最高の状態で顧客にサービス提供することを心がけていきましょう。

Section 04

集客から販売までの自動化を進めるための考え方

自動化の目的を理解し売上を最大化する

売れる仕組みと、マーケティングの考え方、さらには商品設計とさまざまなことを伝えてきましたが、このあたりでみなさんの中には「やることが多いな」「自分にこれだけのことができるんだろうか」と思う方もいらっしゃるかもしれません。実際私も、ひとつずつ仕組みを整えて実際に稼働させてみると、思っていた以上の時間とパワーが必要なことに気づきました。と同時に、「ビジネスを成長させていくためには、どこかでこの仕組みを自動化しないといけない」と気づいたのです。作業を自動化する目的は、単に業務の負担を減らすことではありません。ここでは改めて、「自動化の目的」について考えていきましょう。

自動化を行う大きな目的は「見込み客のナーチャリングを効率的に行うこと」にあります。ナーチャリングとは、見込み客が商品やサービスに対する興味を持ち、最終的に購入するまでの関係構築のことを指します。見込み客の大半が興味を持っても「すぐに購入はしない」ことは述べた通りです。すなわち、このナーチャリングに時間をかけることが購入へとつながるポイントなのですが、実はこの部分に多くの手間と時間がかかるのです。そこでここの手間を大幅に削減することが、より多くの見込み客を獲得するひとつのカギとなるわけです。

ナーチャリングの代表的な手法には、メルマガやＬＩＮＥなどを使ったステップメール施策、ウェビナー、Ｗｅｂ広告などさまざまな方法があります。ＳＮＳや広告を通じてリストを獲得。その後、ステップメールを使って見込み客を教育し、最終的に販売ページへと誘導することも自動化で叶います。

ただし、すべてを自動化することには私は反対です。なぜなら見込み客の中には「どうせ機械的に送っているメールなんでしょう」と考え、そこで商品やサービスへの熱が冷めてしまう人もいるからです。みなさんも、いかにもＡＩが書いたようなメールやメッセージを見たことがあると思いますが、それを見ても心が動かないと思いませんか？　そうなってしまうとせっかく集めた見込み客を失ってしまうことになりかねません。個別対応やパーソナルなコミュニケーションをすべてなくすことが正しいわけではありません。一定程度はアナログの個別対応が必要だと認識しておきましょう。

見込み客を顧客に変える自動化の方法

見込み客を単なるリストとして扱うのではなく、彼らとの信頼関係を築くことが大切です。見込み客を「顧客」へと育成していくためにはどんなプロセスが必要なのか、自動化のプロセスを順を追って説明していきます。

まず、やるべきことは見込み客のニーズを理解し、それに応じたコンテンツを提供することです。例えば、Ｇｏｏｇｌｅドキュメントの使い方を商品として売り出していくと仮定して、考えてみましょう。見込み客が初心者で、パソコンを使うのもやっとな場合はＧｏｏｇｌｅドキュメントでどんなことができるのか、メリットデメリットなど基本的な知識を与えてあげることが必要です。

一方ですでにＧｏｏｇｌｅドキュメントを使ったことがある人で、「より便利な使い方を知りたい」人が見込み客の場合、「実は文字の音声入力ができる」など、より高度なコンテンツを用意する必要があります。見込み客がどんな人なのか？　によってこれだけ提供するコンテンツは変わります。必ず、「見込み客のニーズに合わせた情報」を用意するようにしましょう。

次に、見込み客の期待を高めるような文章を用意します。例えば、見込み客が抱えているような課題を解決する方法を記載した文章や、あるいは成功事例を紹介するのも良いですね。また、ＳＮＳなどで見込み客に「どんな悩みがありますか？」とインスタライブなどで問いかけ、それに答えていくだけでも信頼感は高まります。なおＳＮＳを配信する際は、見込み客が情報を受け取りやすい時間帯や曜日を、予め考えて配信するようにしましょう。例えば、会社員であれば、夜の時間帯か週末になりますよね。ターゲットの生活スタイルに合わせた配信を心がけましょう。

ここまでのプロセスを繰り返していくことが重要です。そこで、自動化の出番となるわけですが、自動化にはマーケティングオートメーションツールを活用します。このツールを使えば、見込み客の行動データをもとに、最適なタイミングで最適なコンテンツを勝手に配信してくれたり、特定のページを訪れた見込み客に対して、そのページに関連する情報を追っかけて公開するなど、「こちらが指示を出さなくても」勝手に見込み客の満足度を高め続けてくれるのです。なおこのツールが後半でご紹介する「UTAGE」になります。

見込み客に自動化によって何回も何回も「メリット」を与え続けること。それによって、見込み客の「買いたい」という意欲は増していくのです。

販売プロセスの自動化で効率的に成約を増やす

さて、先ほどは認知・共感・信頼までの自動化でしたが、自動化させる部分は見込み客が購入を決断する最終段階でも大切な役目を果たしてくれます。自動化により、手作業によるミスや時間のロスを減らし、間違いのない購入をサポートしてくれるからです。

まず、販売プロセスの自動化において重要なのは、LPと決済システムの連携です。LPは、見込み客が商品やサービスに興味を持ち、購入を決める大事なポイントです。LPには「商品の特徴」や「メリット」を記載。そして、見込み客が購入を決めた際にスムーズに決済ページへと移行できるよう、シームレスにつなげることがもっとも大切なポイントです。また、ツールには購入後のサポートや追加オファーの提供なども自動で組み込めます。なお、商品がオンライン講座やコンサルティングなどのサービスの場合、あわせて予約システムも導入してみてください。予約システムを導入することで、見込み客は自身の都合に合わせてサービスを予約できるため、予定決めの手間が省けます。また予約システムは、自動でリマインドメールを送信する機能を持っているため、「講座キャンセル」や「予定を忘れてしまった」などのミスも防ぐことができます。

販売プロセスでの自動化を進めることで、何よりもあなたは大切な「顧客対応」を丁寧に行うことができます。自動化する目的、そしてメリットがおわかりいただけたでしょうか。ぜひ集客から販売までのプロセスを一貫して自動化し、自分の時間をどんどん確保していきましょう。

Section 05

自動化に役立つ「UTAGE」を活用する方法

マーケティングオートメーションの基本と活用のメリットを理解する

マーケティングオートメーションツールとは、集客から販売までのプロセスを自動化するためのツールです。現在、多くの企業や個人事業主はこうしたツールを使って顧客と安定的な関係を築いています。では、そもそもマーケティングオートメーションとはいったい何なのでしょうか？「初めてその名前を聞いた！」という人もいると思いますので、まずはその基本的な特徴をご紹介します。

マーケティングオートメーションとは、メールマーケティング、リスト管理、顧客データの分析、キャンペーンの自動化など、これらのマーケティングを一元管理するための方法です。これにより、顧客ごとにパーソナライズされたアプローチができ、ひとりひとりに合った「売り方」を提供することができるのです。

マーケティングオートメーションを活用するメリットは多岐にわたります。大きなものといえば、まず「業務効率の向上」が挙げられるでしょう。メールを1人1人に手作業で送る、オンライン講座のリンクを発行するといった作業は多くの時間を要します。これらの作業をシステムが担ってくれることで大幅な時間短縮が実現できるのです。

また、「顧客体験の向上」にも一役買ってくれます。顧客の行動データをリアルタイムで分析し、ニーズに合ったコンテンツを提供する。これにより、顧客は自分の興味や関心に応じた情報を受け取ることができ、あなたやあなたの商品・サービスの信頼感は高まるでしょう。顧客

● マーケティングオートメーション

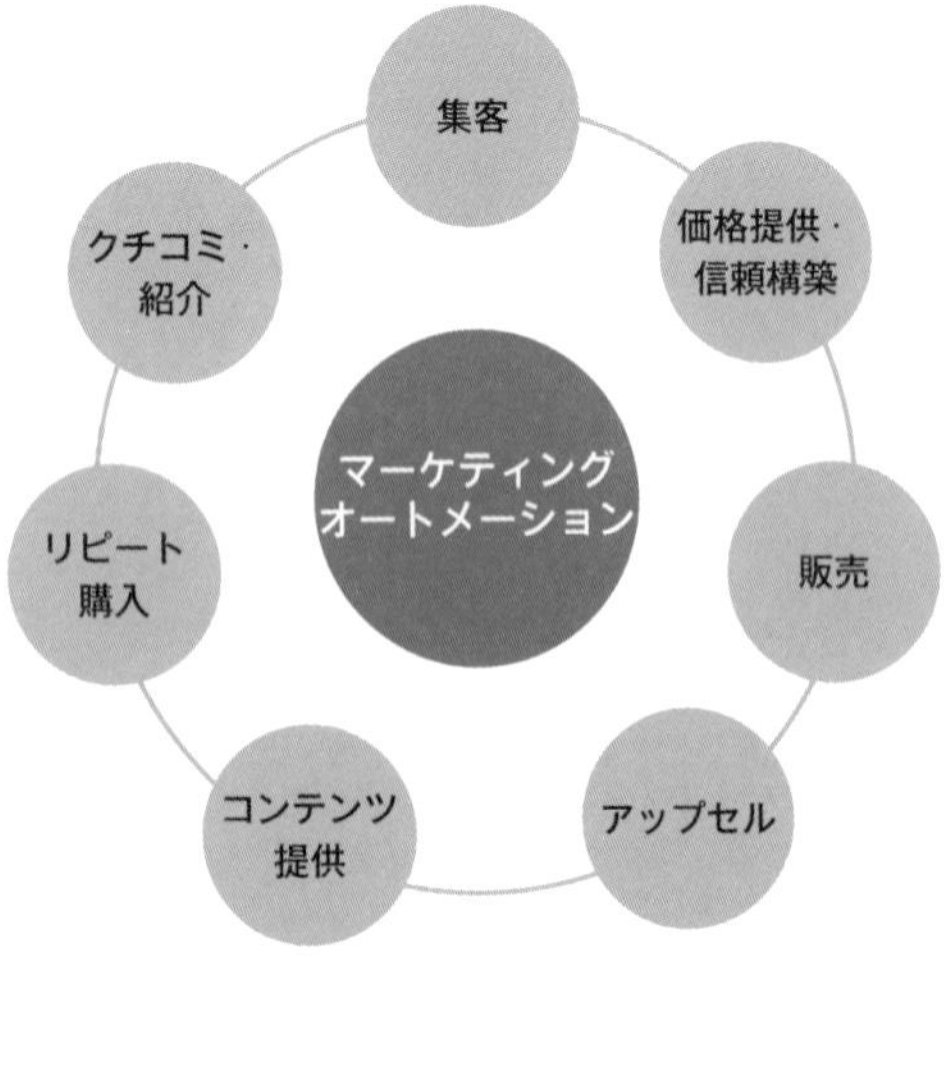

との関係がより強くなるので、リピート購入なども期待できます。

さらに、「売上向上」の実現性が高まります。見込み客が「欲しい」と思うタイミングで情報を与え続けることができれば、自然と商品購入の機会も増加します。それだけではありません。クロスセルやアップセルの機会にもつながるでしょう。


マーケティングオートメーションの導入は、ビジネス規模を問わず多くの人にとって絶大な効果を発揮してくれます。実際、私も1人でここまでビジネスを拡大できたのは、ツールのおかげだと思っています。とてもじゃありませんが、1人でここまでの時間と手間をかけるのはできなかったでしょう。もはや、マーケティングオートメーションは単なる自動化ツールではなく、戦略的なビジネスパートナーといってもいいくらいです。

UTAGEを活用して集客から販売までを一元管理する

マーケティングオートメーションの代表格とも言えるのが、ご紹介した「UTAGE」です。

UTAGEは、個人事業主や小規模ビジネスに特化しており、集客から販売、さらにはフォローアップまでのプロセスを効率化することができます。

ここでは、ＵＴＡＧＥの基本的な機能についてお伝えしていきます。

まず、リスト獲得のためのＬＰ作成を誰でも簡単に行えます。一般的にＬＰは作成するのにマーケティングやデザインの専門的な知識が必要ですが、ＵＴＡＧＥではそれらがフォーマット化されているので、そういった知識も必要ありません。また、メール・ＬＩＮＥ配信機能により、ステップメッセージを自動化し、見込み客へ定期的に情報を届けることもできます。

さらに、特筆すべき点は決済システムと連携しており、販売プロセスを自動化することができる点です。これまでクレジットカードなどの

● UTAGEのダッシュボード

決済システムを導入しようとすると、新たにツールを導入しなければなりませんでした。しかし、UTAGEでは決済機能がもともと付いているため、見込み客が商品やサービスを購入する際のハードルを下げてくれるのです。もちろん購入後のフォローアップも自動化できるため、リピート購入を促進し、顧客との長期的な関係を築くことも可能です。

実際私は、UTAGEを使い倒していて、LPで集めたリストを自動的にメール・LINEリストに登録し、その後のステップメッセージで信頼関係を築き自分の商品を売る流れを作っています。

また顧客データや売上データを収集、分析してくれるのでマーケティングの効果をリアルタイムで把握することができます。施策を見直し「次はこうしてみよう」という改善が自分でできるのも、大きなメリットだと感じています。

私はUTAGEをすべてのプロセスで導入していますが、部分的に導入するのもアリだと思います。例えば、見込み客の教育に力を入れたい場合は、ステップメッセージの内容を充実させることに重点を置くと良いですし、販売プロセスの最適化をしたい場合は、決済システムとの連携を強化し、顧客がストレスなく購入できる環境を整えると良いでしょう。自身に必要な分だけＵＴＡＧＥを取り入れることもできる！　まさに「超便利ツール」なのです。

ＵＴＡＧＥの良いところばかりを挙げてしまいましたが、事実、ＵＴＡＧＥを活用して集客から販売までを一元管理することで、ビジネスの成長を加速させることは十分に可能です。ぜひみなさんも効率的な業務運営を実現し、売上を最大化するための強力なツールとして、ＵＴＡＧＥを活用してもらえたらと思います。

Chapter 02

他力集客で効率的に見込み客を獲得する

Section 01

他力集客とは何かを理解し効果的に活用する

他力集客とは何かを正しく理解する

前章で述べた「他力集客」とは、自分自身で１から集客を行うのではなく、すでに集客基盤が整っているプラットフォームを活用し、効率的に見込み客を獲得していく手法だとお伝えしました。これからビジネスを始めようと思っているみなさんにとって、他力集客の活用は大きなチャンスといっていいでしょう。時間と労力を節約しながら成果を出す近道だからです。

他力集客の大きな特徴は、「すでに多くのユーザーが集まっているプラットフォームを利用し、ゼロから集客をしなくていい」ということにあります。その代表例が、ストアカやＡｍａｚｏｎのＫｉｎｄｌｅ出版（電子書籍）を使用する方法です。

ストアカは、講師と受講生をつなぐプラットフォームで、ビジネス系から趣味まで実に多くの講座があります。講師数は約5万人に対し、ユーザー数は約80万人（2024年7月現在）と巨大プラットフォームであることがここからわかります。

一方Kindle出版（電子書籍）は、Amazonに自分の書籍が持てることで自分の専門性をアピールし、興味を持った読者と長期的な関係を築けることが大きなメリットです。

いずれにしても、他力集客を正しく理解し活用していくことで、ご自身の限られたリソースを最大限に活かすことができます。他力集客の構造をしっかりと学び、集客の基礎を築いていきましょう。

他力集客のメリットとデメリットを知る

他力集客の特徴や魅力を前項でお伝えしました。では、他力集客のメリットとデメリットにはいったいどんなものがあるのでしょうか。まず、他力集客の大きなメリットは、「短期間で見込み客を獲得できる」ことです。例えば、ストアカやKindle出版のようなプラットフォームでは、すでにその分野に興味を持つユーザーが集まっているため、ターゲット層に直接アプローチできます。また、プラットフォーム自体は固定費なしで始めることができるため、初期投資をそれほどかける必要がなく低コストで始められることもメリットの一つです。さらに、プラットフォーム自体がマーケティングや集客を担ってくれるため、プロモーションに費やす手間や時間を短縮できる点も魅力です。

一方、他力集客のデメリットの中で最大のリスクは、プラットフォーム側のアルゴリズムが変わったり、規約が変更されたりすると、これまでの集客方法が通用しなくなる可能性があることです。つまりプラットフォームに依存しきっていると売上にダメージを及ぼす場合もある、ということです。当然プラットフォームには同様のビジネスをしている人もいるため、カテゴリによっては競争が激しくなり、他の出品者や講師と差別化するための工夫も必要になります。このような状況では、目立つためのコストがかさみ、期待した成果を得られないこともあります。プラットフォームは確かに便利なのですが、一方で他力集客の「限界」ともいえる部分もあります。プラットフォームに依存しすぎず、ご自身でホームページやＳＮＳといった集客のベースも並行して構築していくと良いでしょう。

他力集客をただの集客手段としてとらえるのではなく、「ビジネス全体を成長させるための一部」として位置づけておくことが大切です。

他力集客を成功させるための心構え

「他力集客を使えば、効率よく見込み客を獲得できるのでらくちん！」そう思われた方もいらっしゃるかもしれません。

しかし、ただやみくもにプラットフォームを活用すれば、自動的に集客できるというわけではありません。集客していくためには、正しい方向で努力していく心構えが必要です。

プラットフォームを使って集客する上で押さえておきたいポイントは4つあります。

1つ目は、プラットフォーム上にあなたの商品・サービスのターゲットとなる見込み客が存在するかどうかを確認することです。もしプラットフォームに多くの潜在顧客がいる場合、プラットフォームの集客力を活かせば見込み客が獲得できますが、いなければそのプラットフォームを使用する意味はありません。実際にAmazonやストアカを見て、「同業他社がいるか」チェックしてみるといいでしょう。

2つ目は、提供するコンテンツがターゲットから受け入れられるか？　ということです。ストアカやAmazonといったプラットフォームは、それぞれ異なるユーザー層や利用目的を持っています。ストアカでは、学びを求めるユーザーが多く、講座を通じて直接的な関係を築きやすい一方、Ａｍａｚｏｎでは、読者に価値ある情報を提供し、専門性をアピールすることで、長期的な関係を築くことが求められます。ストアカであれば「学びたい」と思っている人たちに価値提供ができるか？　Ａｍａｚｏｎであれば読者に専門的な知識を与えることができるか？　これらができなければ、集客効果は発揮できません。ぜひご自身のコンテンツを振り返っていただければと思います。

３つ目は見込み客が購入に至る導線をしっかりと設計することです。プラットフォーム上で得た見込み客を、どのように自分のメルマガやＬＩＮＥに誘導するか、その流れは明確にしましょう。そうすることでプラットフォーム外でも顧客との関係を継続的に築くことができ、結果として売上の拡大にもつながります。ただし、プラットフォームの利用規約でプラットフォーム外に誘導することを禁止している場合もありますので、利用規約をしっかりと確認するようにしてください。

４つ目はフロントエンドとバックエンドを連携させることです。これは1章でもお伝えしましたが、連携させることで顧客との関係をより強固にすることができます。「顧客との初接点を作るための商品やサービス」がフロントエンドですが、ストアカでいえば「講座」、Ａｍａｚｏｎでは「Ｋｉｎｄｌｅ出版」がそれに該当します。見込み客の興味を引き、次のステップであるバックエンドへとつなげていくことが大切です。

他力集客を成功させるカギは、この4つを意識して行動に反映させていくことです。この4つのポイントをしっかり押さえた上で、ここから私と一緒にストアカとKindle出版の仕組化と自動化を構築していきましょう。

Section 02

ストアカを活用して見込み客を集める方法

ストアカとは何かを理解し集客に活かす

ここからは具体的なプラットフォームを使って集客をしていく方法を説明していきましょう。まずお話しするのは私もずっと使い続けている「ストアカ」です。ストアカは、スキルや知識を持つ講師と、それを学びたい受講生をつなぐオンラインプラットフォームです。このプラットフォームは、講座を開設することで、講師が自らの専門性をアピールしつつ、見込み客と直接コンタクトをとれる出会いの場でもあります。ストアカを活用することで、ゼロから集客を始める必要がなく、ストアカにいるユーザーにアプローチできるため、集客にかかる時間と労力を大幅に削減できるのです。

ストアカの基本的な仕組みは、シンプルです。まず講師が自分の得意分野の講座を企画し、プラットフォーム上で公開します。その講座を受講したい人々が自由に申し込み、オンラインまたは対面で授業を受ける、という流れです。講座の内容や形式は多岐にわたり、ビジネススキルから趣味の分野まで、幅広いジャンルに対応しています。

ストアカを集客手段として活用するためには、2つポイントがあります。

- 自分の提供する講座がどんな価値を持っているのか
- どのように受講生に価値を提供できるのか

これらを明確にすることです。この値価を伝えていくのが、講座のタイトルや説明文であり、

ストアカを利用したフロー

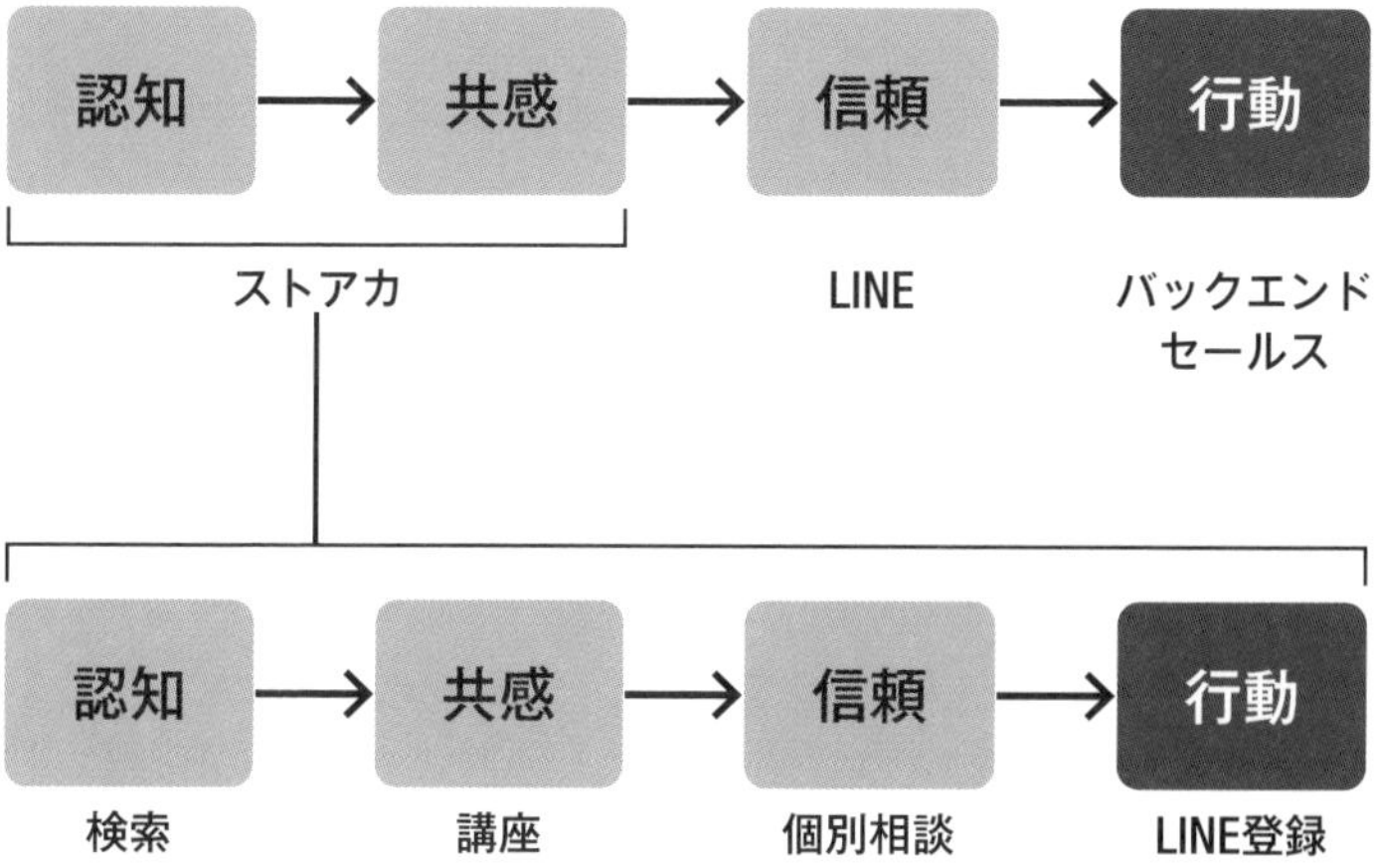

講師プロフィールだと思ってください。受講生にとってのメリットを具体的に伝え、興味を引き、（認知）そして講座を通じて受講生に満足感を与え（共感）、個別相談で信頼関係を築き（信頼）、バックエンド商品やサービスへと自然と誘導する（行動）という風に、ここでも認知〜行動のプロセスで考えていくといいでしょう。

なお、講座終了後に関連するコンテンツや情報を提供することもできます。ストアカのいいところはこれらを繰り返し行える点です。すると受講生は講師を単なるスキル提供者としてではなく、自分の成長をサポートしてくれる存在として認識してくれます。あなたを本当の意味の「先生」と思ってくれるのです。

ストアカは単なる集客の手段ではなく、見込み客との信頼関係を築き、ビジネスを長期的に成長させるための強力なプラットフォームだということがおわかりいただけたかと思います。講座を通じて受講生に価値を提供しながら売上も、そして信頼も獲得していきましょう！

ストアカで成果を出すための講座設計のポイント

「ストアカで集客できることはわかったけど、講座をつくったことがないからどんなものがいいのかわからない」という方もいらっしゃると思います。講座設計にはいくつかポイントがあります。これからそれをお伝えしていきますね。

まずは、講座タイトルです。タイトルは受講生が最初に目にする場所です。そのため受講生が得られるベネフィットを明確に伝えるようにしましょう。例えば、「初心者でも簡単に学べる○○講座」や「短期間で成果を出すための○○テクニック」といったタイトルだと、「何が学べるか」はっきりわかりますよね。

次に、ターゲット層を明確にしましょう。誰に向けて講座を提供するのか、具体的なペルソナを設定することで、講座内容やプロモーション戦略がより鮮明になります。例えば、ビジネス初心者を対象とするのか、それとも経験者を対象にするのかによって講座の内容や難易度は変わりますよね。

ターゲット層が決まったら、次は講座の内容や構成です。受講生がどのような成果を得たいのか、求めているゴールは何なのかを考え、内容を決めていくと良いでしょう。私が行っていたのは、受講生が自分のペースで学べる「無理のない学習内容」でした。一方的にこちらから教えるのではなく、ワークショップなどを取り入れ、参加型の講座にしたところ「楽しみながらスキルが身に着いた」「また受けたい」と言っていただけることがありました。ぜひ参考にしてみてくださいね。

いずれにしても、ストアカで成果を出すためには、講座設計において受講生のニーズを的確に捉えること。そして、受講生に寄り添いながら学びを進めていくことが大事だと感じています。

ストアカのアルゴリズムを理解し集客を最大化する

さて、いくら講座内容がよくても、ストアカのアルゴリズムの仕組みを理解していないと、思ったように集客ができないことがあります。ストアカのアルゴリズムは、講座の人気や評価、受講生の行動などをもとに、検索結果やおすすめ講座に表示する講座を決定しています。つまり、これらの項目を意識することが「ストアカでの露出を高めること」につながるのです。

まず、講座の評価を高めるためには、当たり前なのですが「受講生に満足してもらう」ことが大切です。そのため講座内容を充実させることはもちろん、受講生のニーズに応じたカスタマイズや、質疑応答の時間を設けるなど学びを深める場を積極的に提供しましょう。

次に、ストアカ内のＳＥＯ対策です。ストアカでも検索にヒットさせやすくするため、講座のタイトルや説明文には、ターゲットが検索しそうなキーワードを含めて書くようにしましょう。

そして受講生のレビューを増やすのも、露出度を高める大事な要素です。講座終了後には、受講生に対して「お手数ですがこの講座のレビューをお願いします」「学んだことや感想を具体的に書いてください」と依頼するようにしましょう。するとまだ未受講の人たちがそれを読み「受けてみたい」という気持ちになるはずです。

これらのテクニックで、ストアカ内での認知を高めることができれば、より多くの見込み客を獲得できるはずです。ストアカのアルゴリズムを理解し、戦略的に活用すること。意外と見落としがちなのですが、ここもぜひ意識してみてください。

ストアカ受講生をバックエンドへつなげる導線設計

ここまではフロントエンドの話が続きましたが、ストアカ受講生にバックエンドをセールスする方法を紹介します。

まずは講座に「フロント講座の参加特典を付けること」です。例えば、「参加者限定の無料PDF資料」や「次回講座の割引クーポン」「質問し放題の個別相談」など、受講生にとって「これは価値があるな」と思っていただけるものがマストです。

そして、その個別相談で受講生にこれでもかというぐらいの価値提供をしてください。ストアカでは講座の受講生をストアカ外に誘導することは規約違反になります。なので、講座内や個別相談での会話や資料、メッセージでのやり取りでLINEなどへ登録を促すことはできません。そのため、個別相談ではこれでもかというぐらいの価値提供をすることで、受講生が自ら検索をしてまでもつながりたいと思ってもらえるようにすることが重要です。LINEに登録してもらえたら、そこで情報発信をして信頼関係を構築し、バックエンドのセールスをしていきましょう。

また、ストアカ内にバックエンドとなるような高額講座や月額サービスなどを作ることも可能です。その場合、講座後のフォローアップ施策などを兼ねて、ストアカ内のメッセージ機能を使ってメッセージを送り、受講生との信頼関係を深め、「もっと学びたい」と思ってもらえるようにしてみてください。十分にやりとりができたところで、バックエンドを案内してみましょう。

ストアカの講座を受講した見込み客をバックエンドへとつなげるためには、一貫した流れを意識した導線設計をしていくことが欠かせません。この流れを意識して動くことで必ずあなたのもとへお客様が集まってくれます。

Section 03

ストアカを活用する具体的な方法

ストアカで講座を開設する手順を理解する

では、講座と集客の設計ができたところで講座開設の具体的なステップについて詳しく解説します。

最初に、ストアカの公式サイトにアクセスし、アカウントを作成します。アカウント作成は無料で、メールアドレスやSNSアカウントを使って簡単に登録ができます。登録が完了したら、次に講師プロフィールを充実させましょう。プロフィールは、受講生が講師を選ぶ際の重要な判断材料となりますので、自己紹介や専門分野、過去の実績などを具体的に記載します。受講生に信頼感を与えるために、顔写真やビデオメッセージの追加もぜひ検討してみてください。

次に、講座の登録に進みます。講座名は、受講生が興味を引くようなキャッチーで具体的なものにしましょう。講座のジャンルを選定する際には、自分の専門性を活かせるカテゴリーを選び、ターゲット層を明確にします。ここで重要なのは、「どのような人に向けた講座なのか」を具体的に描くことです。例えば40代の女性主婦なのか、50代の男性会社員なのかなど、ターゲットが明確であればあるほど、受講生のニーズに合った講座内容を提供できます。

講座内容の設計では、受講生がどのような学びを得られるのかを明確にし、講座の目的やゴールを設定しましょう。なお、講座の時間配分も重要なポイントです。あまり短すぎても長すぎても受講生は満足しません。ちなみにフロント講座として効果的な時間配分は、1回の講座で50分~60分程度です。講座の最初の10分間は、受講生が「この講座を受けることで何を知りたいのか」を明確にする時間です。冒頭の挨拶を終えたら、「今日の講座で特に知りたいことは何ですか?」と問いかけ、受講生の期待や悩みを把握しましょう。前半で受講生のニーズを満足させ、後半で受講生の本当の悩みをヒアリングする。そして最後の10分で受講生の悩みを解決するあなたのバックエンドの提案ができるのが理想的なペース配分です。最初からはうまくいかないかもしれませんが、ぜひトライしてみてください。

そして講座の価格設定です。初めての講座開設の場合は、競合他社の価格を参考にしつつ、受講生が納得できる価格を設定しましょう。やはり最初は他社と価格を合わせるほうがいいと思います。また、初回限定の割引や特典を提供して、「お得感」を演出することもできます。

最後に講座の告知方法です。ストアカ内でキーワードを意識したタイトルや説明文を作成し、検索結果で上位に表示されるよう工夫するのはもちろん、ご自身のＳＮＳや、メールマガジン等で広く知らせていくようにしましょう。

お話ししてきたステップの通りに実践すれば、初めてストアカを利用する方でもスムーズに講座を開設できます。ぜひひとつずつ進めていっ

● ストアカで講座を開設する手順

ストアカアカウントを作成

↓

講師プロフィールを充実

↓

講座の登録

↓

講座内容の設計

↓

講座の価格設定

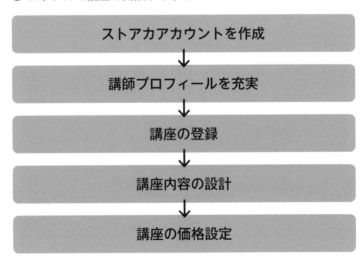

てみてください。

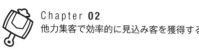

受講生の興味を引く魅力的な講座タイトルと説明文の作り方

ではここからは、より受講生の興味を引く講座のタイトルや説明文について解説していきます。まずタイトルです。タイトルには講座の具体的なメリットとどんな講座なのかを書くこと。そしてSEOを意識し短くまとめる、が鉄則です。なお、タイトルは33文字以内をフルに使って、最も重要なキーワードを先頭に置きましょう。キャッチコピーは、70文字以内をフルに使って、タイトルに使ったキーワードと同じキーワードを必ず盛り込むようにします。それを踏まえると、例えば、「初心者でも簡単に学べる！○○の始め方」というタイトルにしたら、キャッチコピーには「初心者」「○○」のワードを盛り込むように作ります。

次に説明文です。ここには、受講生が抱える問題や悩みに共感を示し、その解決策として講座の内容を提示しましょう。例えば、「○○に悩んでいませんか？　この講座では、○○を解決するための具体的なステップを学べます」というように、受講生の立場に立った文章だと共感を生むことができます。また、講座の特徴やユニークポイントを強調し、受講後に得られる具体的な成果や変化を示すのも良いですね。

講座内容を写真や画像で説明することもでき、サムネイルは3枚設置できます。特に1枚目のサムネイルは、一番生徒ユーザーの目に留まる部分です。このサムネイルは、講座内容を視覚的に伝えるための画像ですが、実は写真やイラストよりもそこに添える「文字」が重要な要素になります。サムネイルに魅力的なキャッチコピーを入れることで、講座の魅力を一瞬で伝えることができます。ぜひ1枚目には「キャッチコピーの入った画像」を配置してみてください。

実際の講座でも注意してもらいたいポイント

● ストアカ講座の例

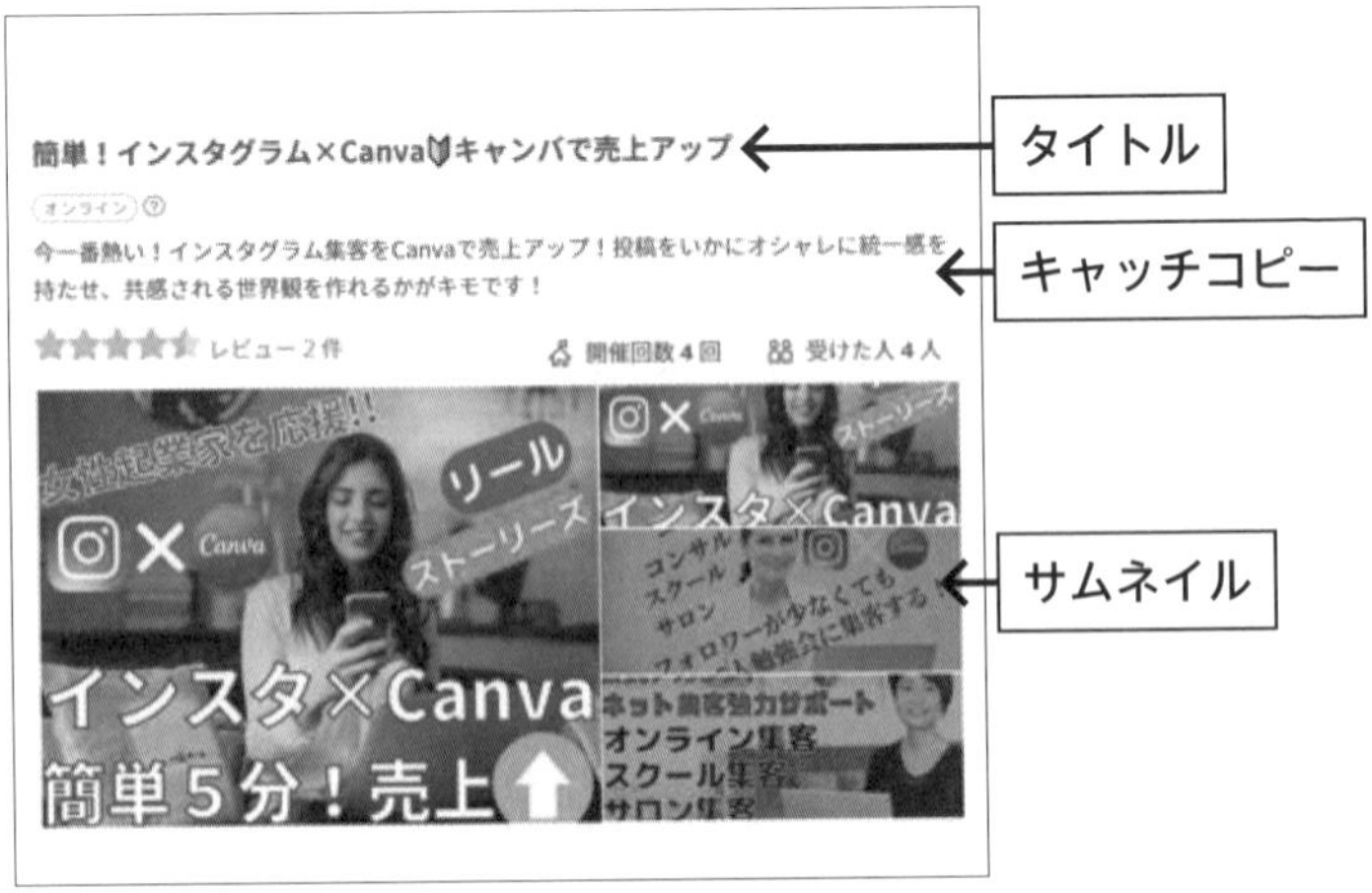

がいくつかあります。まず、講座の冒頭には講師としての自己紹介と講座の目的を、受講生が何を学べるのかを具体的に伝えましょう。これをおろそかにしてしまう方が多いのですが、ここでしっかりと自分のことと講座の目的を伝えると「この先生はしっかりしている」という印象を持ってもらいやすくなります。

また、講座中は、とにかく専門用語を使いすぎず、受講生がわかりやすい易しい言葉で説明することを意識しましょう。事例を交えて説明することで、受講生が自分の経験や知識に結びつけやすくなるため、適宜スライドやビジュアルを活用するのも大切です。

さらに、最後には質疑応答の時間を必ず設けましょう。質問を受け付けることで、受講生が抱えている疑問を解消し、講座内容をより深く理解してもらうことができます。質問が出にくい場合は、講師から問いかけを行い、受講生に答えてもらうスタイルもいいですね。また、複数人数の場合はグループディスカッションやワークショップ形式を取り入れることで、受講生同士の交流を促し、学びを深めることができます。いずれにしても、受講生が主体的に参加できるようにすることで講座の満足度を高め、印象に残る体験をしてもらえます。

さらに講座終了後のフォローアップも忘れずに行いましょう。受講生に対して、講座の内容を振り返るメールや追加の学習素材を送ると、学びをさらに深めてもらうことができます。ここで次回の講座情報や関連イベントの案内を送るのもＯＫ。ただし、受講生にとって本当に有益な喜ばれるご案内にするように心がけるのがポイントです。

受講生の満足度を高めるためには、講座の内容だけでなく、進め方やフォローアップに一工夫することが大切です。一度の受講をきっかけにリピートしてもらえるような「満足度の高い」講座を実施していきましょう。

⑩ストアカでレビューを増やし講座の評価を上げる方法

「受講生からのレビューが講座の信頼性を高める」と前述しましたが、レビューが多く、評価が高い講座は新規受講生にとって魅力的で受講の決め手となることが多いものです。そこで、ここでは受講生に自然にレビューを書いてもらう方法や、レビューを集める際の注意点、そしてネガティブなレビューがついた場合の対応策について詳しく解説します。

まず、受講生にレビューを書いてもらうためには、講座内容や講師の対応に対する満足感を高めることが大前提です。そのため講座の終わりには、受講生に感謝の気持ちを伝えつつ、講座に対するフィードバックをお願いしましょう。このとき、「レビューが講座の改善に役立つ」ことを伝え、「受講生の意見を大切にしている」ことを伝えると、レビューを書いてもらいやすくなります。

ただし、レビューを書いてもらうことを強制してはいけません。無理にレビューを求めると、受講生が不快に感じ、逆効果になることがあります。そのため、レビュー依頼はあくまで自然な形で行い、「できる範囲で構いません」と一言付け加えるようにしましょう。また実際レビューを書いてくれた受講生には、感謝の気持ちを伝えるとともに、次回の受講時に使える特典を提供するなど、さりげなくインセンティブを付けることも考えてみてください。

では一方でネガティブなレビューがついた場合はどうすれば良いのでしょうか。私も以前ネガティブなレビューが付いたことがあり、落ち込んだ時もありました。しかし、何回か続くとそれが「講座の改善点を見つける貴重な機会なのかも」と思えるようになったのです。

ネガティブなレビューをしてくれた受講生の意見に感謝し、改善するとコメント等で返信しましょう。このような対応を実は他の受講生も見ています。そうした姿勢で、信頼を築くことができるのです。ネガティブなレビューであっても、真摯にこたえていきましょう！

Section 04

Kindle出版を活用して見込み客を集める方法

Kindle出版で見込み客を獲得する仕組みを理解する

さて、見込み客を集めるもうひとつの方法としてKindle出版があります。Kindle出版は単に電子書籍を販売するだけの手段ではありません。見込み客を獲得し、信頼を築くための強力なマーケティングツールです。Kindle出版においても、認知・共感・信頼・行動の4つのプロセスがあります。認知のプロセスにおいて電子書籍は、Amazonという巨大なプラットフォームで販売されるため、世界中の読者に読んでもらえる可能性があります。多くの人々にあなたの存在を知ってもらえるチャンスがある、ということです。

次に、共感を得るプロセスについてです。電子書籍の内容が価値ある情報を提供し、読者にとって有益であると感じられるものであれば、自然とその著者に対する共感が生まれます。さらに専門的な知識や実践的なノウハウを共有することで、読者はあなたに深く共感するでしょう。この共感が、のちのプロセスで非常に重要な役割を果たすのです。

そして、信頼を生み出すのが、電子書籍の中で提供する特典やＬＩＮＥ登録後の発信です。特典やステップ配信の中であなたのバックエンドに対する信頼を構築。バックエンドの成約につながっていくのです。

Ｋｉｎｄｌｅ出版は単なる情報発信の手段ではありません。読者との信頼関係を築く一助となる重要なツールなのです。

Amazonを利用したフロー

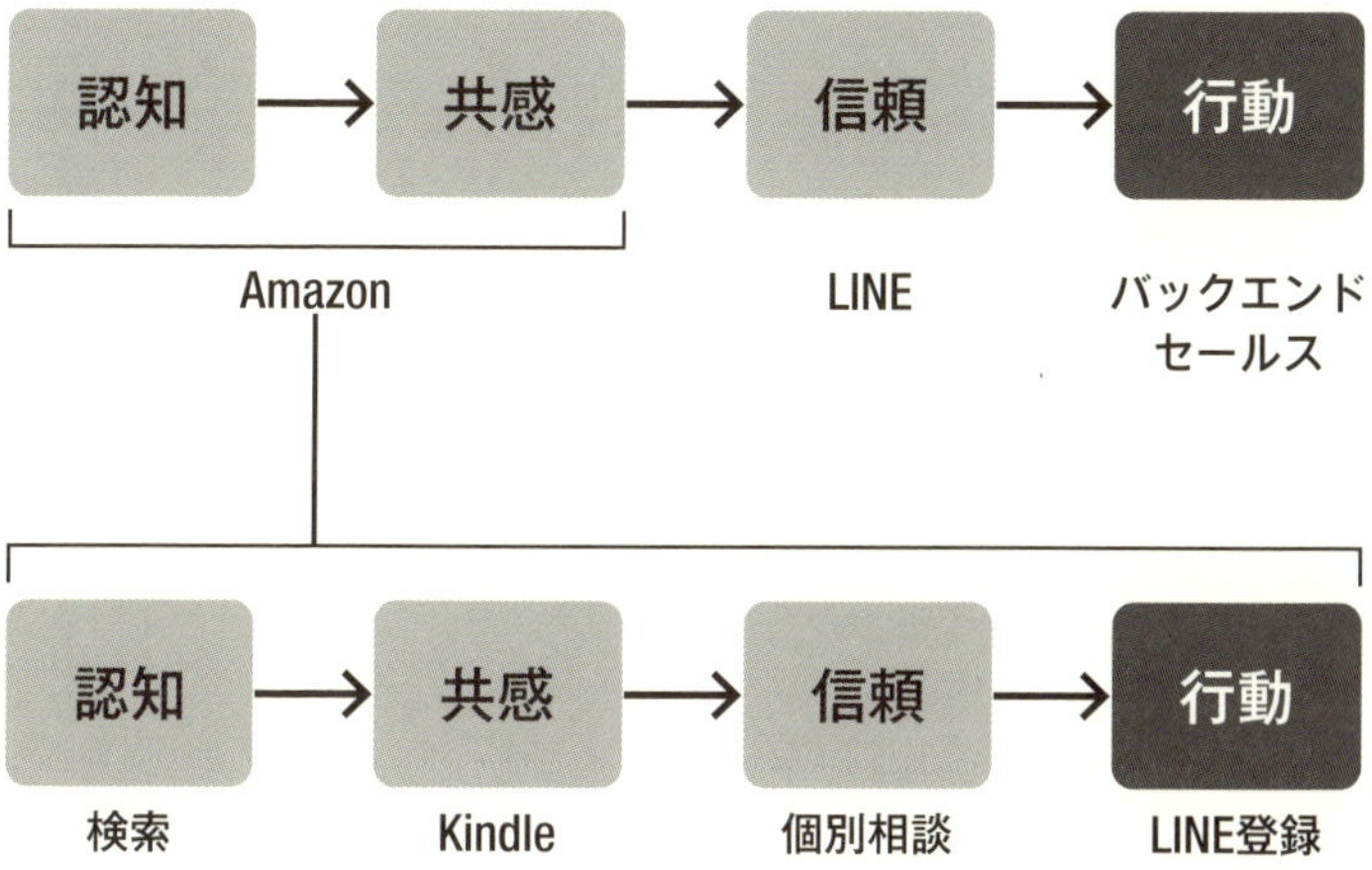

⑤ 読者が興味を持つKindle書籍のテーマと内容の選び方

Kindle出版をするにあたってまずは、ターゲットとする読者がどんなことを考えているか、そのリサーチから始めましょう。ターゲットたちが日々直面している問題、関心を持っているトピック、どんな解決を望んでいるか？　SNSやネット検索などから情報を集めます。その情報と、あなたが話せることのかけ算でテーマが決まります。

それが決まったら、本をどんな内容にするかを考えましょう。順番としては、次のような流れでつくっていきましょう。

- 書籍の全体構成を決める
- 序章で問題提起、2章でその問題に対する解決策の提示をする
- 3章以降で掲げた問題の解決事例やノウハウを段階的に解説
- 読者が実際に行動に移せるような実践的なアドバイス
- 巻末にLINE登録やメルマガ購読を促すCTAを配置

なお、文章の中にはノウハウだけにならないよう、読者が共感できるような実体験やエピソードを盛り込むのも効果的です。感情を揺さぶるような失敗談、成功エピソードもぜひ入れてみてください。

これで内容面はばっちりです。ターゲット読者のニーズに応えるだけでなく、彼らの期待を超える内容を提供していくことで、長期的な関係構築のきっかけを与えることができます。

Kindle書籍のタイトル・表紙・説明文で魅力を最大化する

内容面が固まったところで、今度はタイトル、表紙、説明文についても考えていきましょう。これらは、読者に最初の印象を与える大切なファクターです。表紙には次の7つの要素を入れ込むようにしましょう。

・メインタイトル：テーマと切り口

メインタイトルは本のテーマを明確に伝えるものであるべきです。そのため、10文字以内で一目見て内容がわかるような簡潔なものがベストです。

・**サブタイトル：本を読むことで得られるベネフィット**
サブタイトルには読者が得られる具体的なメリットを入れます。どんな悩みが解決できるのか。あるいは読者がこの本を読み終わった時、何が得られるのか。より具体的に書くようにしましょう。

・**キャッチコピー：読者をハッとさせる一言**
タイトルやサブタイトルを補完する形で、キャッチコピーをつけます。キャッチコピーには、読者の心を一瞬で掴むような、「あるある！」「そうそう！」という文章が最適です。

・**リード：その理由や裏付けとなる根拠**
リード文にはどうしてこの本でそれが言えるのか、根拠を示すデータなどを入れます。

・**抑えコピー：ターゲットの幅を広げる、またはせばめる文言**
また、ターゲットを明確にするために、特定の読者層に向けた抑えコピーを入れます。「○○のあなたにこそ伝えたい」とターゲットを絞ることで、読者の心により深く響きます。

・囲み：本書の特徴や特典など

本書の特徴や特典を示す囲みを追加すると、「この本を読んでみたい」「お得そうだ」という気分にさせます。「この本だからできる特典」もしっかり伝えましょう。

・著者名：信頼を伝える名前

最後に、著者名をしっかりと表示し、信頼性を伝えます。

次に、表紙デザインです。一目で目を引くようなインパクトのある表紙が望まれます。そこでAmazonのランキング上位にある本をリサーチし、どのようなデザインがよく売れているのかリサーチしてみましょう。その上で自身でいくつか表紙案をつくってみてもいいですね。なお、表紙は実際の画面上では小さなサムネイルで表示されます。そのため、メインメッセージがはっきりと伝わるよう工夫しましょう。なお表紙デザインはプロのデザイナーに依頼することも検討に入れても良いかもしれません。プロのデザイナーに依頼する場合は、クラウドソーシングやスキルマーケットを活用してみてください。

ご存じのようにAmazonでは膨大な数の書籍が販売されています。そのためタイトル、表紙、説明文を明確に打ち出していきましょう。そうすることが他の本との差別化につながります。

Kindle出版を通じてLINEやメルマガに誘導する方法

書籍の読者をLINEやメルマガへ誘導することもKindle出版では必ず行っていきましょう。これは「信頼」プロセスであり、見込み客と長期的な関係を築くために必要な部分です。といっても読者はそう簡単にLINEやメルマガに登録してはくれません。登録してもら

● ココナラ（https://coconala.com/）

うためにはいくつかポイントがあります。

まず読者にとって「魅力的な特典」を用意することです。例えば追加のコンテンツや特別割引、無料参加できるイベント招待、限定のPDFガイド、動画コンテンツ、ウェビナーの無料招待などさまざまなものが考えられます。読者が「この特典を受け取りたい」と感じるようなものを準備しましょう。また特典を提供する際には、「書籍内のどこにそれを書くか」も大切です。私がおすすめしたいのは、序章や各章の終わりに特典の存在を適宜知らせること。書籍の最後には、特典を受け取るための具体的な手順を明確に記載し、読者が迷わずに行動できるようにします。「さらに詳しい情報をLINEで無料提供中!」などのメッセージを入れ、QRコードや短縮URLを掲載すると効果的です。読者がすぐにアクセスできるように、リンクはクリックしやすく、目立つ場所に配置します。登録後は、すぐに特典を受け取れるように「気持ちを冷めさせない」ことも重要です。

LINE等の登録率を高めるためには「どんなメリットが得られるのか」を具体的に説明し、登録することのメリットも何度か伝えていくことも効果的です。また登録にあたって不安を持つ読者もいると思います。「個人情報を適切に取り扱う」旨を記載し、安心して登録してもらうなどの配慮もしていきましょう。

⑩ Kindle書籍のプロモーション戦略で認知を拡大する

さて、ここまで進めてきてKindle本の中身は固まってきたと思います。あとは、どのようにプロモーションを行っていくか、つまり販売戦略を考えていきましょう。まず考えたいのが「Amazonランキングで上位を狙う」ことです。上位を目指すためにはキーワードの選定がなにより重要です。書籍の内容に関連する人気のキーワードを調査し、それをタイトルや説明文に入れましょう。SEOだけでなくランキングにも反映されていきます。

次に考えたいのが、SNSやブログを活用した拡散戦略です。SNSでは、ターゲット層に響くコンテンツを投稿し、書籍の特長や魅力をいろんな切り口を変えて発信していきましょう。例えば、書籍の一部を抜粋して投稿したり、執筆の裏話をシェアしたりするのもおすすめです。またブログでは、書籍のテーマに関連する記事を執筆し、書籍へのリンクを設置することで、ブログ読者を自然に誘導することができます。

さらに、販売価格についても考えておきましょう。99円から500円の価格帯が、多くの読者にとって手に取りやすく、購入のハードルが低いとされています。この価格帯を選ぶことで、読者は気軽に購入しやすくなります。なお初めは低価格に設定し、多くの人が手に取りやすい価格にして、徐々に価格を調整していくこともできます。

また、Ａｍａｚｏｎでは無料キャンペーンを随時行っているため、このキャンペーンをうまく活用するのも良いですね。Ｋｉｎｄｌｅでは、ＫＤＰセレクトプログラムを利用することで、一定期間無料で書籍を提供することができます。無料キャンペーン期間中に多くのダウンロードを促すことで、ランキングが上昇し、その後の有料販売にも好影響を与えます。

また、プロモーションの一環として、読者レビューも集めたいものです。レビューは、他の

Kindle書籍のプロモーションフロー図

キーワード選定
↓
SNSやブログで拡散
↓
販売価格の調整
↓
無料キャンペーンの活用
↓
読者レビューを集める

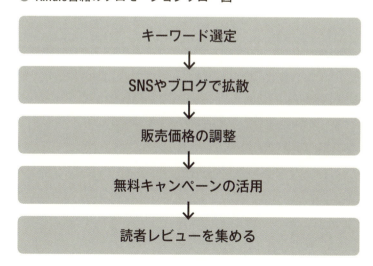

読者が書籍を購入する際の参考になるからです。また、ネガティブなレビューであってもそれが初期の頃であれば、書籍の内容を修正しさらに良いものに改善することができます。

このように、Ｋｉｎｄｌｅ書籍のプロモーション戦略をしっかりと設計し実行することで、より多くの読者にアプローチすることができます。プロモーションは一度きりではなく、ぜひ継続的に行ってみてください。

Kindle書籍のフォーマットと出版手順をマスターする

次にＡｍａｚｏｎ ＫＤＰ（Ｋｉｎｄｌｅ Ｄｉｒｅｃｔ Ｐｕｂｌｉｓｈｉｎｇ）へのアップロード手順についても簡単に触れておきます。

まず、ＫＤＰアカウントを作成し、書籍情報を登録します。この際、書籍のタイトル、サブタイトル、著者名、説明文などを正確に入力しましょう。

書籍のデータをアップロードする際は、推奨されるファイル形式（通常はＭｉｃｒｏｓｏｆｔ ＷｏｒｄやＥＰＵＢ）に従い、フォーマットが崩れないように注意します。ＫＤＰプラットフォームは、アップロードされたファイルを自動的にKindleフォーマットに変換しますが、事前にプレビュー機能を利用して、実際の表示状態を確認することが大切です。

さらに、価格設定とロイヤリティの選択をします。価格は、ターゲット読者層や競合書籍の価格を参考にしつつ、自分のブランド価値を考慮して設定してください。なおロイヤリティについては、通常35％か70％のいずれかを選択できますが、選択肢によって条件が異なるため、自分のビジネスモデルに合ったものを選ぶと良いでしょう。

● Amazon KDP（https://kdp.amazon.co.jp/ja_JP/）

Section
05

Kindle出版を活用する具体的な方法

Kindle書籍の執筆をスムーズに進める手順を理解する

ここまで、Ｋｉｎｄｌｅ出版の概要と各論についてそれぞれお話してきましたが、おそらくみなさんが一番懸念されているのが「長文を書くなんて無理！」という文章の部分なのではないでしょうか。実際私の周りにも「電子書籍が書けない」「挫折してしまった」という方がいらっしゃいます。そこで、ここでは執筆をスムーズに進めるための手順をご紹介したいと思います。

まず心構えとして知っておいてほしいこと、それは「読者ターゲットを決める」ことと「最初から完璧に書こう」と思わないことです。誰に向けて書くのかを考えることは、書籍の内容やトーンを決める基礎となります。ターゲット読者のリサーチは、ＳＮＳやブログのコメント欄などを見てみてください。彼らが何を求めているのか、どんな課題を抱えているのかがわかると、「何を書いてあげれば満足するか」次第にわかるはずです。その上で、書きやすい部分から書き始めてみてください。書いてみて、そこから修正を加えていけばいいのです。まずは全体を完成させることが先決です。

それができたら、まずは書籍全体のアウトラインを書いていきましょう。1章に何を書くか、2章に何を書くかを決めそれに基づいて執筆を進めることで、文章の流れがスムーズになります。読者が内容を追いやすくするよう意識しましょう。具体的には、各章ごとに見出しを立て、その下に書くべき内容を箇条書きで書いていきます。

例えば、Ｉｎｓｔａｇｒａｍに関連した本を書きたい場合、次のような章立てと見出しが考えられます。

第1章Ｉｎｓｔａｇｒａｍの基本と最新トレンド

- Ｉｎｓｔａｇｒａｍとは？
- 2025年のＩｎｓｔａｇｒａｍ最新トレンド
- アルゴリズムの仕組みを理解する

- Ｉｎｓｔａｇｒａｍの主要機能

第２章：魅力的なプロフィールの作り方

- プロフィールが全てを決める！
- 効果的なアイコンとユーザーネームの選び方
- 魅力的な自己紹介文の書き方
- ビジネスアカウントとクリエイターアカウントの違い

なお、各章の終わりに次の章への橋渡しとなるような内容を入れると、読者は次の章へと興味を持って進んでくれます。次の章につながるような見出しを入れていきましょう。１つの章が完結したら、その内容を一度見直し、全体の流れに違和感がないかを確認することも大切で

● Kindle書籍の執筆手順

読者ターゲットを決める

↓

書きやすい部分から書き始める

↓

書籍全体のアウトラインを書く

↓

アウトラインに基づいて執筆

↓

書籍の中に適宜画像を入れる

す。

なお、書籍の中には適宜画像を入れ、読みやすさも意識します。画像を入れる際は解像度やレイアウトに注意を払い、Ｋｉｎｄｌｅデバイスでどんな風に表示されるか、確認しながら進めていきましょう。

読みやすく魅力的なKindle書籍を作るための文章術

では、Ｋｉｎｄｌｅ書籍においていったいどんな文章が求められるのでしょうか。それは、読者にとって読みやすく、かつ魅力的な文章を提供することです。心がけてほしいのは、シンプルでわかりやすい、「中学生が読んでもわかる」表現です。専門用語や難解な言葉を多用せず、誰でも理解できるような言葉遣いを意識してみてください。

また、1つの段落に1つのテーマを持たせ、読者が論点をつかみやすくしましょう。段落の文章は多くても1000文字を超えないよう心がけたいものです。短い文と長い文を交互に使い、文章にリズムを持たせるのも良いですね。また、随時箇条書きなどでポイントを簡潔にまとめるようにしましょう。

さらには、あなたの実体験や事例エピソードを書き、読者がまるで自分ごととして捉えられるような物語性も入れていきましょう。物語を通じて、読者が自分の状況に置き換えると、より深い理解と共感を得られます。

また、読者の感情に訴えかけるような質問もテクニックとして有効です。「もし、あなただったらどうしますか?」「○○についてちょっと考えてみてください」といったフレーズを入れ、読者を本の世界に引きずり込むのです。

シンプルな表現、適切な段落構成、視覚的な工夫、物語性、文章のリズム……いろんなポイントがありますが、これらを網羅していくと読者に価値あるコンテンツが提供できます。

「こんなに入れ込むのは無理かも……」と思ったあなた、ご安心ください。これらのポイントに沿って文章を書かせるＡＩプロンプトをご用意しました! ぜひご活用いただければと思います。

Kindle出版を継続的に活用するための長期戦略

Kindle出版は、単に一冊の本を出すだけではなく、その後のビジネス展開においても大きな可能性を秘めていることがおわかりになったと思います。書籍を通じて提供する価値やメッセージが、あなたのブランドイメージと一致しているか常に確認し、長期的なファンを育てていきましょう。これにより、書籍の購入者が他の商品やサービスにも興味を持ち、ビジネス全体の成長につながるからです。

そこでぜひ考えていただきたいのが、「Kindle出版を継続的に活用する長期戦略」です。

「いやいやそうはいっても、どうやって長期戦略を練っていけばいいの？」と思いますよね。ポイントは大きく分けて3つあります。

まずは、出版のシリーズ化です。1冊の本を出して終わりにするのではなく、関連するテーマでシリーズ化することで、読者の興味関心を引き続けることができます。シリーズ化することで、一度あなたの本を手に取った読者が次の本も購入する可能性が高まり、継続的な売上につながります。実際著者さんの中にはシリーズ化し、多くのファンを獲得していく人もいます。

本のテーマは、あなたのビジネスのコアメッセージや専門分野に関連したものを選びましょう。あるいは、Amazonのレビューや SNSでの反応をチェックし、読者がどのような情報を求めているのかがわかれば、次の出版テーマのヒントになるはずです。なお一般的にKindleで3冊書籍を出すことができたら「その道の専門家」と認識されると言われています。まずは3冊、頑張って出版してみましょう。

次に考えられる戦略が、出版した書籍をもとにしたセミナーやコンサルティング活動です。書籍を読んで興味を持った読者に対して、さらに深い知識を提供する場としてセミナーを開催することで、あなたに興味を持った人が集まります。セミナー参加者との直接的な交流を通じて、信頼関係を築き、コンサルティングや他のサービスへの誘導も自然に行っていけるでしょう。

このように、シリーズ化、書籍の定期的な更新、セミナーやコンサルティングへの展開、読者フィードバックの活用を通じて、Kindle出版を長期戦略として活用することは十分可能です。あなたのブランドをさらに強化していくためぜひ長期で取り組んでみてください。

Chapter
03

無料集客で安定した集客基盤を作る

Section 01

無料集客とは何かを理解し効果的に活用する

無料集客が売上につながる仕組みを理解する

2章では他力集客についてお伝えしました。3章からはみなさんに試していただきたい無料集客について、お伝えしていきます。ここでいう「無料集客」とは、広告費をかけずに見込み客を獲得するための手法です。無料集客でしっかりと効果を発揮させるためには、「認知→共感→信頼→行動」という流れをしっかりと理解し、その流れに沿った戦略を立てることが必要です。

「認知」の段階で大事なのは、まずターゲットに対して自分の存在を知ってもらうこと。SNSやブログを活用して、ターゲットが興味を持ちそうなコンテンツを発信し、できるだけ多くの人に認識してもらうことを目指します。

「共感」の段階では、ターゲットの心に響くメッセージで「この人は私のことを理解している」と感じてもらうことが大切です。

「信頼」の段階では、より関係性を深めて「この人の言うことなら安心できる」と思ってもらうことがポイントです。SNSのフォロワーや読者との対話を大切にし、コメントやメッセージにしっかりと対応することで、信頼関係を深めていきます。

「行動」の段階では、フォロワーが次のステップ「成約」に進みやすいようにします。LINE登録やメルマガ登録、ウェブサイトへの訪問を促すCTAなどを適切に配置し、あなたの「顧客」になってもらうのです。

この「認知→共感→信頼→行動」の流れを意識することで、無料集客は単なるフォロワー数の増加にとどまらず、実際の売上につながる効果的な手法となります。この流れを一貫して意識し、ターゲットに対して価値を提供し続けることが、無料集客を成功させる最大のポイントです。

無料集客のメリットとデメリットを正しく理解する

無料集客のメリットは、「コストをかけずに見込み客を獲得できる」という点ですが、その性質上デメリットもあります。ここではそれを確認しておきましょう。

無料集客の最大のメリットは、広告費をかけずに集客を行えることです。SNSやブログを活用すれば、インターネット上で広範囲に情報を発信でき、見込み客と直接コミュニケーションを取ることができます。特に、InstagramやTikTok、XなどのSNSは、ビジュアルに訴えかけたコンテンツや短いメッセージで簡単に広く拡散できるため、認知度を高めるには非常に効果的です。また、ブログは専門的な情報を提供し、自分の専門性をアピールするのに適しており、ファンを獲得するのに役立ちます。

一方でデメリットもあります。まず、成果が出るまでに時間がかかることが挙げられます。SNSのフォロワーや読者を増やすためには、定期的な投稿やコンテンツの更新をしないといけないため、時間と労力がかかります。また、競争が激しい分野では、他の多くの情報に埋もれてしまい、なかなか注目を集めることができないという場合もあるでしょう。

無料集客を成功させるためには、これらのメリットとデメリットを踏まえた上で、長期的な視点で戦略を立てることが重要です。

無料集客を成功させるためのコンテンツ戦略

無料集客を成功させるためには、ターゲットの心をつかむ価値あるコンテンツを継続的に提供することが重要です。それにはしっかり戦略を立てて実践していくことが必要です。まず、コンテンツ作成の基本は、「ターゲットがどのような情報を求めているのかを把握すること」です。リサーチを通じて、ターゲットが抱える課題や興味を持つテーマを明確にしましょう。ニュースや業界のトレンドを調べ、そこからコンテンツ案を練るのも良いですね！

次に、コンテンツの種類と配信頻度です。無料集客では、ブログ記事、SNS投稿、動画コンテンツなど、多様な形式のコンテンツを活用します。それぞれのメディアには特性があるため、ターゲットに応じた適切な形式を選択するようにしましょう。

例えば、視覚的な訴求力が高いInstagramでは、画像や短い動画を使ったコンテンツが効果的で、若い世代や女性の利用者が多い傾向があります。

一方、深い知識を伝えたい場合は、ブログ記事やYouTubeの動画が適しています。文字数や動画の時間などに制限がないため、内容を深く伝えることができるからです。なお、配信頼度については、ターゲットの動向を加味したいですね。といっても無理は禁物です。週1回のブログ更新や、週3回SNS投稿など、無理のない範囲で計画を立てましょう。

大切なのは、どんなコンテンツが必要なのかを考えること。そしてターゲットに合った媒体選びです。しっかりと戦略を立て、実践していくことで、無料集客の効果は徐々に上がってきます。

● 無料集客を利用したフロー

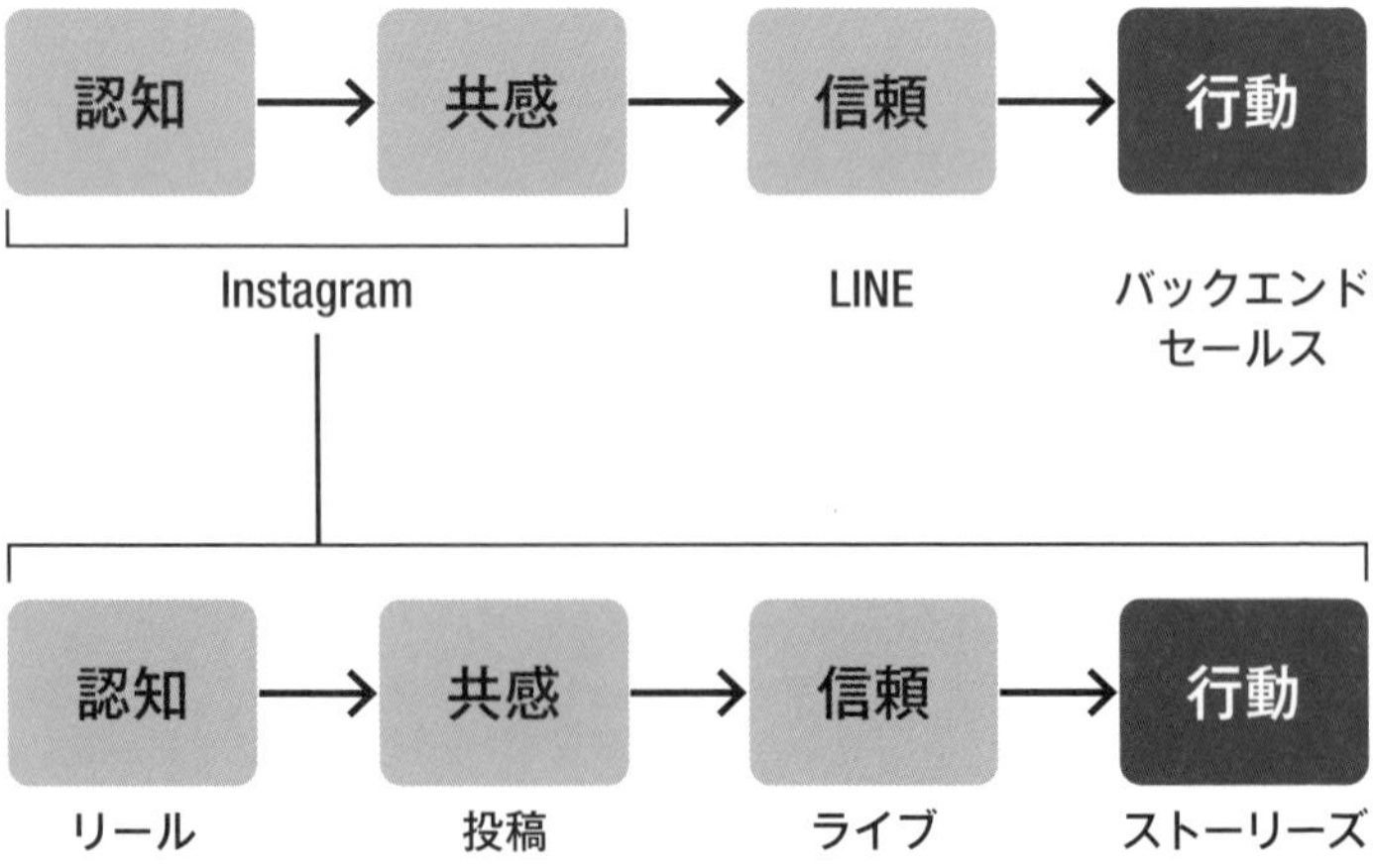

Section 02

Instagramを活用した集客の戦略を理解する

Instagramが無料集客に適している理由を理解する

SNSの中でも私が無料集客としておすすめしたいのが、Instagramです。その大きな理由は、画像や動画で構成されたSNSなので、商品やサービスのイメージやストーリーをダイレクトに伝えることができる点にあります。きれいに撮影された写真や動画などを通じて、商品やサービスの魅力を直感的に伝えることができるのも大きな魅力です。また、Instagramは、他のSNSと比較してエンゲージメント率が高いことでも知られています。ユーザーが投稿に対して「いいね」やコメントをする頻度が高く、フォロワーとのコミュニケーションが活発に行われるため、フォロワーと仲良くなりやすいのです。

またInstagramは、リールやストーリーズといった機能を活用することで、フォロ

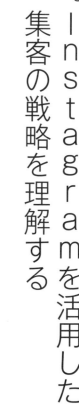

ワーだけでなく、まだフォローしていない新規ユーザーにもコンテンツを届けることができます。特にリールは、アルゴリズムによって多くの人に拡散されやすく、新しいユーザーにリーチするために非常に有効です。

さらに、ＩｎｓｔａｇｒａｍからＬＩＮＥやメルマガなどと連携することで、集客から販売までの流れをスムーズに構築できます。Ｉｎｓｔａｇｒａｍで認知と共感を拡大し、ＬＩＮＥに誘導して信頼を深め、最終的に成約に結びつける。このようなプロセスが描きやすいのです。

⑩Ｉｎｓｔａｇｒａｍの無料集客における基本の流れを押さえる

「それならＩｎｓｔａｇｒａｍをさっそく始めてフォロワーを集めてみよう！」と思ったみなさん。ちょっと待ってください。Ｉｎｓｔａｇｒａｍを活用して見込み客を集めるためには、ただ単にフォロワーを増やすことを目標にするのはＮＧです。大切なのは、フォロワーとの関係を築き、最終的にビジネスの成約につなげるための戦略を立てること。特に「リールで認知を拡大する↓投稿で共感を得る↓ライブ配信で信頼を深める↓ストーリーズとプロフィールで行動を促す」という流れをしっかりとつくることが大切です。ではその方法を解説していきますね。

まず、リールを活用して認知を拡大するフェーズです。リールは、Ｉｎｓｔａｇｒａｍ内での拡散力が非常に高く、フォロワー以外のユーザーにもコンテンツを届けることができます。人気の音楽を取り入れて静止画や動画をつくるなど、「トレンド」を意識して作成するとより効果的です。

次に、投稿で共感を得るフェーズです。投稿では、フォロワーが「自分に役立つ」と感じるコンテンツを提供するようにしましょう。知識やノウハウを教えるような内容、共感を生むストーリー、エンターテインメント要素を含んだ投稿を組み合わせるのがコツです。また、キャプションにフォロワーに問いかける形の文章を入れることで、コメントやリアクションを促し、エンゲージメントを高めることができます。

信頼を深めるフェーズで活用したいのが「インスタライブ」と呼ばれるライブ配信です。ライブ配信は、フォロワーとリアルタイムでコミュニケーションを取ることができるため、信頼関係を築くのに非常に効果が高いのです。視聴者が興味を持つテーマを選び、構成をしっかりと考えることが成功の秘訣です。それに加えて視聴者から届いた質問に対して丁寧に答えることで、フォロワーとの距離を縮める効果も狙えます。

最後に、ストーリーズとプロフィールを使って行動を促すフェーズです。24時間以内に消えてしまうストーリーズですが、ストーリーズでしか外部サイト等に誘導することができません。ここで、ＬＩＮＥ登録やメルマガ登録へと促しましょう。なお、ストーリーズハイライト（プロフィール画面に並ぶ丸いアイコンのこと）を設定しておくことで、過去の重要なストーリーズをフォロワーがいつでも見返せるようになります。ハイライトもぜひ使ってみてください。

外部サイトへの誘導はプロフィール欄でもできます。プロフィールにもＬＩＮＥ登録やメルマガ登録のリンクを設置し、同時にあなたの商品やサービスのベネフィットをわかりやすく簡潔に提示しておきましょう。フィード投稿やリールのＣＴＡには、プロフィール欄を見てね、というメッセージを必ず盛り込むようにします。

このように、Ｉｎｓｔａｇｒａｍを活用した無料集客では、各ステップを戦略的に組み合わせることが重要です。それぞれのステップでフォロワーとの関係を深めながら、最終的に成約につなげる流れを構築することで、より効果的に見込み客を集めることができます。

Instagramのアルゴリズムを理解し最適な投稿戦略を立てる

Instagramにもアルゴリズムがあり、どの投稿をどのユーザーに表示するかを決定しています。Instagramのアルゴリズムを理解することは、効果的な集客戦略を立てるためにとても大切です。

Instagramはユーザーの過去の行動をもとに、そのユーザーが興味を持ちそうな投稿を優先的に表示する傾向があります。これには、投稿の「いいね」やコメント、保存、シェアといったエンゲージメントが大きく影響します。つまり、「フォロワーの興味を引くコンテンツを作成すること」であなたの投稿の出現頻度は高くなる、ということです。また、コンテンツの形式も、アルゴリズムに影響を与える要因のひとつです。Instagramでは画像、リール、ライブ、ストーリーズなど、さまざまな形式がありますが、特にリールは拡散力が高く、新規フォロワーを獲得するためには有効です。

さらに、キャプションやハッシュタグにも気を配りたいもの。キャプション（投稿に添える文章のこと）では、フォロワーが共感できるストーリーやメッセージを伝え、ハッシュタグは投稿に関連した情報を付けるようにしましょう。

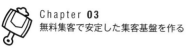

投稿のタイミングも大切な要素です。一般的に、ユーザーがアクティブな時間帯の投稿がいいとされています。例えば、朝の通勤時間や昼休み、夜の時間帯など、ターゲットとするフォロワーがアクティブになる時間をぜひチェックしてみてください。また、Ｉｎｓｔａｇｒａｍのインサイト機能（どんな人がフォロワーなのか、どんな投稿が見られているのかがわかる機能）を活用して、フォロワーのオンライン時間を把握し、それに合わせた投稿スケジュールを組むことができるので、ぜひ使ってみてください。ただし、ビジネスアカウントか、クリエイターアカウントでしか使えないので、Ｉｎｓｔａｇｒａｍ集客を始めるときは、必ずアカウントの切り替えを行いましょう。

● Instagramのアルゴリズムに最適な投稿戦略

フォロワーの興味を引くコンテンツ

↓

フォロワーが共感できるストーリーやメッセージ

↓

フォロワーのオンライン時間に合わせた投稿

↓

いいね、コメント、保存が増える
（エンゲージメントが上がる）

↓

アルゴリズムに好まれ投稿の出現頻度が高くなる

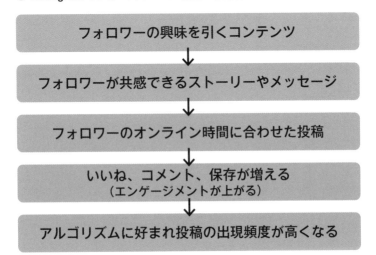

Instagramで見込み客を獲得するには、投稿内容やタイミングを試行錯誤し、反応を見ながら「アルゴリズムに好まれるアカウント」をまずは目指します。そしてフォロワーとのコミュニケーションを大切にし、積極的にコメントを返信することで、アカウントのエンゲージメントも高めていきましょう。

03 InstagramとLINE公式アカウントを組み合わせた導線設計を構築する

これまでInstagramの可能性と効果の出やすい方法をお伝えしてきましたが、残念ながらInstagram単体で売上に直結させるのは難しいのです。そこで使っていただきたいのがLINE公式アカウントです。LINE公式アカウントを組み合わせることで、見込み客との関係を深め、最終的に成約につなげる導線を引くことができます。

Instagramを経てLINEに登録してもらった後は、ステップ配信を活用してフォロワーとより深い関係を結びます。例えば、登録後の初回メッセージで感謝の意を伝え、その後フォロワーにとって役立つ情報を定期的に配信すると、「これはすごく有益だな」と思ってもらえ信頼感が増すのです。

ＬＩＮＥではフォロワーに特典やキャンペーン情報を提供しましょう。特典は、フォロワーにとって価値があり、かつすぐに何か行動を起こしたくなるようなものがマストです。これにより、フォロワーがＬＩＮＥを通じて商品やサービスに対する興味を高め、最終的に成約へとつなげることができます。

このように、Ｉｎｓｔａｇｒａｍと ＬＩＮＥ公式アカウントを組み合わせた導線設計を構築することで、フォロワーとの関係を深め、売上を伸ばすことが可能になります。重要なのは、フォロワーにとって価値のある情報を提供し続け、信頼を築くことです。これにより、単なるフォロワーだった方が、「顧客」へと転換していくのです。

Section 03

Ｉｎｓｔａｇｒａｍのリールを活用して認知を拡大する

Ｉｎｓｔａｇｒａｍリールが持つ拡散力とその仕組みを理解する

Ｉｎｓｔａｇｒａｍのリールは、短い動画でコンテンツを発信できる機能で、特にフォロワー以外の新しいユーザーにもリーチしやすいという特性があります。これは、Ｉｎｓｔａｇｒａｍがリールを戦略的にプッシュしているためで、アルゴリズムがリールを優先的に表示する仕組みになっているからです。これは使わない手はありませんね！

リールの拡散力を最大限に活用するためには、まずそのアルゴリズムを理解することが大切です。

リールで拡散されやすいコンテンツとしては、視覚的にインパクトがあるものや、短くてわかりやすいメッセージを含んだものが効果的です。例えば、意外性のある切り口、ユーモアのある演出、視聴者にとって有益な情報を含むものなどが挙げられます。これにより、リールがターゲットユーザーのフィードに表示される可能性が高まります。

しかし、注意してほしいことが1つあります。それは「あなたのバックエンドのターゲットニーズから外れないようにコンテンツを作ること」です。例えばダイエット関連のビジネスをしているのに、旅行動画を出してもまったく意味がありません。過激な動画も同様です。一般受けして大きくバズるリールはあなたのバックエンドの成約に結びつかないことが多いもの。それどころか、ターゲットとのエンゲージメントが薄くなる弊害もあるので気をつけましょう。

● Instagramリールの参考例

また、ハッシュタグも同様の考え方で、必ずバックエンドのターゲットの興味関心と関連性の高いものを選ぶことが大切です。トレンドに乗ることは、拡散力を高めるためにはある程度必要ですが、トレンドばかりを追ってターゲットとの信頼関係をおろそかにしてはいけません。しっかりあなたのターゲットユーザーに刺さる内容を提供していくこと。それを忘れずに、適度にトレンドを活用していきましょう。

ビジネス向けの効果的なリールの企画と構成を学ぶ

それでは、あなたのビジネスの「認知」を効果的に広げるためのリールの企画について具体的に解説します。

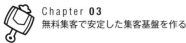

効果的なリールは、通常15秒から30秒の短いもので、開始から3秒以内に、視聴者が「続きを見たい」と思うような強いメッセージや視覚的なインパクトを与えましょう。その後、中盤では具体的な情報や価値を提供し、最後に視聴者に行動を促すコール・トゥ・アクション（CTA）を組み入れます。

さらに、リールのフォーマットも重要です。縦長動画が推奨されるので、撮影の際には縦長で撮っていくようにしましょう。適宜テキストやアニメーションを加えることで、視聴者の注意を引きやすくなります。また、音楽や効果音の選択も、リールの印象を大きく左右するため、ターゲットの好みに合わせて選ぶことが大切です。

リールを公開した後は、どのような反応が得られたかを分析し、次回の企画に活かしていきましょう。視聴者のコメントやエンゲージメント率を確認し、どの部分が効果的だったのか、また改善点はどこにあるのかをチェックします。そうすることで、次回のリール制作でよりターゲットに響くコンテンツを提供できるようになるはずです。

● リールの企画と構成のポイント

縦長動画で撮影

↓

長さは15秒から30秒

↓

冒頭3秒にインパクト

↓

中盤では具体的な情報や価値を提供

↓

最後に視聴者に行動を促すCTA

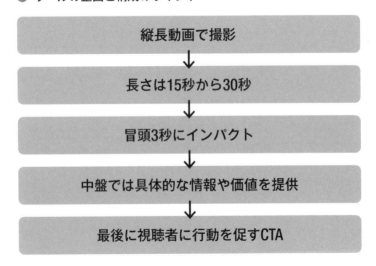

リールの投稿頻度と最適なタイミングを把握する

リールを効果的に活用するためには、投稿のタイミングや頻度も検討していく必要があります。適切なタイミングを逃すと、その効果を最大限に発揮できないからです。ではまず、リールの投稿タイミングについて考えてみましょう。一般的に、ユーザーが最もアクティブになる時間帯に投稿することが推奨されています。多くのユーザーがスマートフォンを手にするのは、朝の通勤時間や昼休み、そして夕方から夜にかけてのリラックスタイムです。これらの時間帯を狙って投稿することで、より多くの視聴者に見てもらいやすくなりますね。

ただ、ビジネスのターゲット層によって、最適な投稿時間は異なることもあります。例えば、ＢｔｏＢの場合、平日のビジネスタイムに投稿する方が効果的かもしれません。一方、ＢｔｏＣの場合では、週末や夜間の利用が多い可能性が高いです。自分のフォロワーの行動パターンを理解するために、Ｉｎｓｔａｇｒａｍのインサイト機能を活用し、フォロワーが最もアクティブな時間帯を確認するといいでしょう。

次に、リールの投稿頻度について考えます。リールの効果を高めるためには、定期的な投稿が求められます。頻繁に投稿することで、アルゴリズムに好まれやすくなり、より多くの視聴者にコンテンツが表示される可能性があるからです。だからといって適当なリール動画を出すのは逆効果です。ただでさえ、今は多くの投稿者がいる状態。量よりもコンテンツの質を維持しながら、週に数回のペースで投稿するのが理想的です。

リールの分析と改善を行い成果を最大化する

Ｉｎｓｔａｇｒａｍのリールは、認知拡大には大きなメリットを発揮してくれますが、ただリールを投稿するだけでは思ったような反応はとれません。そこで投稿後は、必ずデータ分析をするようにしましょう。そこで活用したいのがＩｎｓｔａｇｒａｍのインサイト機能です。

まず、インサイト機能を使って、視聴数、いいね数、コメント数、保存数などを確認しましょう。視聴数が多くても、エンゲージメントが低い場合は、コンテンツがフォロワーの興味関心とずれている可能性があります。逆に、エンゲージメント率が高い場合は、そのコンテンツがフォロワーにとって価値があると考えていいでしょう。このように、データをもとにコンテンツの質を評価し、どの要素が成功要因となっているのかを見極めることが重要です。

いくつか成功したリールが見つかったら、それらの共通点を探りましょう。例えば、特定のフォーマットやトピックが好評だった場合、それを基にした新たなコンテンツを作成すると良い反応を得られることが多いです。また、投稿時間や頻度も影響を与える要因のため、最適なタイミングがいつだったのか、頻度はどうなのかにも注意を払いましょう。

リールの分析と改善を継続的に行うことで、ビジネスにとってより効果的な集客ツールとして活用することができます。Ｉｎｓｔａｇｒａｍを通じた無料集客ができれば、安定した集客基盤の構築が可能です。頑張っていきましょう！

Section 04

Instagramの投稿でフォロワーの共感を生み出す

フォロワーが求める価値ある投稿とは何かを理解する

フォロワーが本当の意味で求めるのは、彼らにとって「役立つ」情報や「共感できる」ストーリーです。例えば、フォロワーがビジネスの成功に興味がある場合、具体的な成功事例やヒント、業界のトレンド情報などが有用ですし、ダイエットに興味がある場合は、どうやってダイエットに成功したのか、どんな食事制限をしたのかなどが気になりますよね。「役立つ」情報と「共感できる」ストーリー、これが大きなポイントです。

ではもう一歩進んで、どんな投稿ならフォロワーは嬉しいと思いますか？ それは、日常や仕事に「直接的に」役立つ情報です。例えば健康に関するアカウントであれば、簡単に実践できる健康習慣や食事のレシピなど、マッサージ関連のアカウントなどであれば日常ですぐできることがフォロワーにとっての「価値ある情報」なのです。
ここがズレてしまうとずーっとあなたの投稿は「通過されるだけ」になり、共感を生むことができません。つづいて、どんな投稿を作ったら共感を生み出せるのか、より具体的に解説していきます。

⑩ 教育・共感・エンタメの3つの投稿タイプを活用する

ではフォロワーが「このアカウントは自分に価値をもたらしてくれる」と感じるためには、どんな投稿の内容が良いのか、もう一歩進んで考えてみましょう。効果的な投稿には3つのタイプがあります。それが、「教育コンテンツ」「共感ストーリー」「エンタメ要素」です。

教育コンテンツは、フォロワーにとって役立つ情報を提供するもので、専門知識を持つことをアピールするのに最適です。例えば、ビジネスに関連する豆知識や、業界の最新トレンドがそれにあたります。教育コンテンツは、フォロワーに「このアカウントをフォローしていると、ためになる情報が得られる」と感じさせ、信頼を築くことができるのです。

共感ストーリーは、フォロワーが「この人も自分と同じような経験をしている」と感じることで、親近感を生み出します。個人の経験や挑戦、失敗談などをシェアすることで、フォロワーに「このアカウントは自分のことを理解してくれている」と思わせることができます。共感ストーリーは、感情に訴える力が強く、フォロワーとの絆を深めるのに役立ちます。

エンタメ要素は、フォロワーを楽しませ、投稿を見ている時間をより楽しいものにします。ユーモアを交えた投稿や、視覚的に魅力的な画像や動画を使うことで、フォロワーを引きつけ、アカウントにポジティブなイメージを持ってもらえます。エンタメ要素を取り入れることで、フォロワーアカウント全体の雰囲気を明るくし、フォロワーが「また見たい」と思うそんな意識を持たせてくれます。

● Instagram投稿の参考例

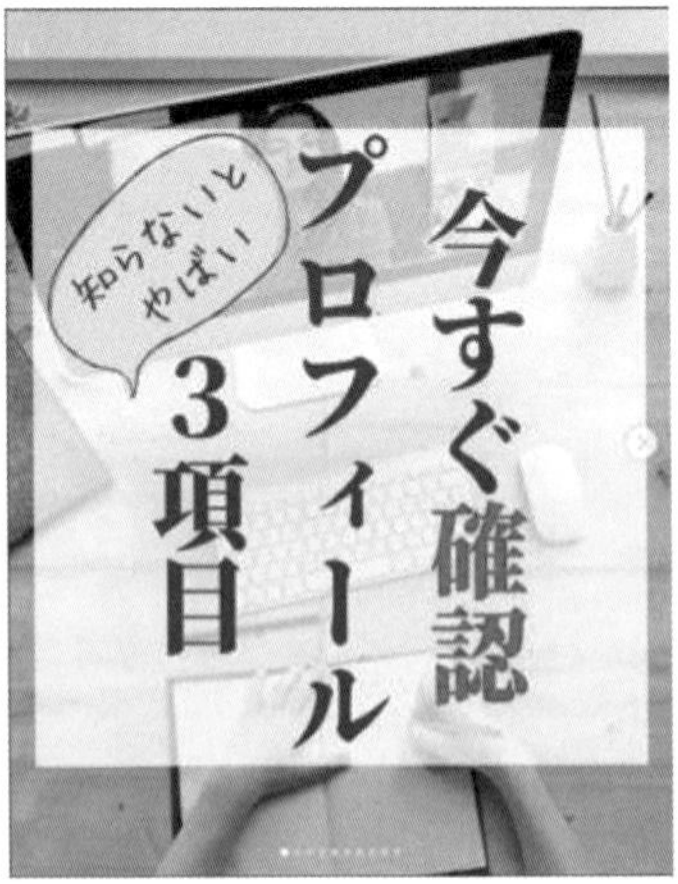

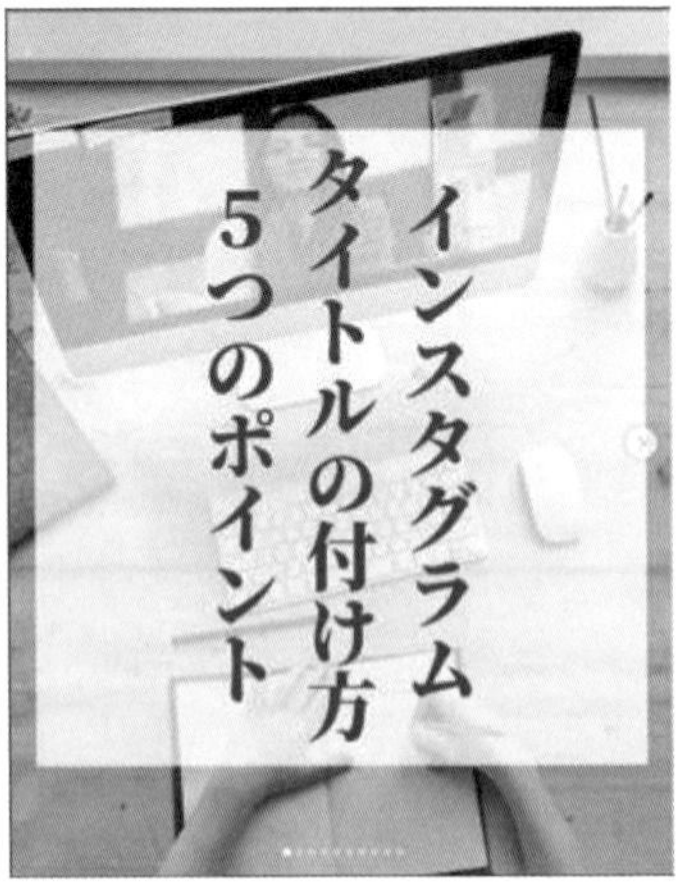

大事なのは、1つに偏るのではなく、これらの3つの投稿タイプをバランスよく組み合わせること。そうすることでフォロワーに多様な価値を提供し、関係を深めることができます。教育コンテンツで信頼を築き、共感ストーリーで親近感を生み、エンタメ要素で楽しさを提供する。この3つをうまく活用し共感を深め、フォロワーをあなたのファンに育てていきましょう。

フォロワーの心をつかむキャプションの書き方

Instagramの投稿に添えるキャプションですが、キャプションは単なる補足説明ではありません。フォロワーの心をつかむ重要な要素のひとつです。特にキャプションの冒頭部分に注力しましょう。「こんなこと知らなかった!」「○○すると寿命が減る?」といった驚きを与えるフレーズ、あるいは「○○って知ってましたか?」と質問形式のフレーズは読み手にインパクトを与えるため、おすすめです。

視覚的に魅力的な投稿デザインを作成する

Ｉｎｓｔａｇｒａｍは、投稿のデザインがフォロワーの関心を大きく左右するため、ビジュアルには特にこだわりましょう。まず意識しておきたいのは、投稿全体に一貫したスタイルを持たせることです。ここでいうスタイルとは、色、フォント、レイアウトの選択が含まれます。

色の選び方では、あなたのイメージに合ったカラーパレットを決め、それを一貫して使うようにしましょう。例えば、明るく元気な印象を与えたい場合は、ビビッドな色を基調にした明るい色を、落ち着いた雰囲気を演出したいなら、パステルカラーやモノトーンを基調にするといいでしょう。

フォント選びも重要です。読みやすく、個性を反映するフォントを選ぶのがおすすめです。なお複数のフォントを使う場合でも、2種類程度に抑えておくと、統一感を損なわずに済みます。強調したい文字には適宜フォントサイズや太さを工夫してインパクトを与えましょう！

また、撮影にもこだわりたいもの。自然光を利用したり、シンプルな背景を選んだりして、「対象物を見せる」ことを意識しましょう。動画は、短くてもインパクトのある内容を撮影すること。スマホで構いませんが、画質にも気を付けてみてください。投稿のレイアウトを工夫するのも一案です。よく、Ｉｎｓｔａｇｒａｍのプロフィール画面で、3枚、6枚、9枚の画像が1枚の大きな画像になっているものを見かけることがあると思います。全体で見たときにも興味を引きますよね。これは「グリッド投稿」と呼ばれる、インスタの投稿テクニックのひとつです。このグリッド投稿を使って、関連する投稿を一つのテーマでまとめたり、ストーリー性を持たせたりすることができます。

Ｉｎｓｔａｇｒａｍには独自のルールがあります。それらを知った上で、デザインの基本原則を理解し、それを実践すること。そしてあなたの「世界観」を伝えていくこと。これらのポイントをしっかり押さえて、投稿デザインを作っていきましょう。

ハッシュタグと位置情報を活用してリーチを拡大する

集客していくためには、ハッシュタグも効果的に使っていきましょう。ハッシュタグはＩｎｓｔａｇｒａｍ上でコンテンツを分類し、関連する投稿を検索しやすくするためのツールです。適切なハッシュタグを選ぶことで、ターゲット層に投稿を届けることができます。ハッシュタグを選ぶ際も、ただ人気のあるハッシュタグを使うのではなく、自分のビジネスや投稿内容に関連性のあるものを選ぶことが重要です。例えば、ビジネスが提供するサービスや商品に関連するキーワードや、ターゲット層が興味を持つトピックを含むハッシュタグを選びましょう。

またＩｎｓｔａｇｒａｍでは、一度に使用できるハッシュタグの数は最大30個ですが、必ずしも多ければ良いというわけではありません。投稿に関連性が高く、かつユーザーが実際に検索する可能性のあるハッシュタグを選び、適切な数に絞りましょう。一般的には、10から15個程度のハッシュタグが効果的とされています。

また、位置情報の使用も検討してみてください。位置情報を設定することで、投稿がその地域に関連するユーザーのフィードに表示されやすくなります。特に、地域密着型のビジネスや、特定の地域での集客を狙っている場合には、位置情報は非常に有効です。例えば、店舗の所在地やイベント開催地などを位置情報として設定することで、その場所に興味を持つユーザーにリーチすることができます。


Ｉｎｓｔａｇｒａｍの投稿では、フォロワーに共感を生み出す、フォロワーにとって価値ある内容を提供するとともに、Ｉｎｓｔａｇｒａｍのアルゴリズムに効果的に働くハッシュタグをしっかり活用して、リーチ拡大も狙っていきましょう！

Section 05

Instagramのライブ配信で信頼を深める

ライブ配信がフォロワーとの関係構築に有効な理由

Instagramのライブ配信、「インスタライブ」は、フォロワーとリアルタイムで交流できる貴重な機会です。フォロワーは、あなたの人柄や価値観を直接見たり聞いたりすることができ、信頼関係にも好影響を与えます。また、ライブ配信は、通常の投稿やストーリーズとは異なり、リアルタイムの双方向コミュニケーションが可能で、視聴者の質問にその場で答えたり、コメントに対してリアルタイムに反応することができます。このような双方向のやり取りは、フォロワーにとってすぐにその場で親近感を持たせ、あなた自身はもちろん、商品やサービスに対する安心感と信頼感を高めてくれます。

私もライブ配信を見ることがありますが、その場の空気感や人柄など、臨場感を伝えることができるため、フォロワーにとっては特別な体験となります。そのため、製品の使い方を実演したり、裏話をシェアしたりすることで、フォロワーはあなたにさらに共感してくれるはずです。なおライブ配信はアーカイブとして保存することもでき、後から視聴してもらうことも可能です。リアルタイムで参加できなかったフォロワーにもコンテンツを届けることができるメリットもあります。

大事なのはライブ配信中に、視聴者からのコメントや質問に積極的に応えることです。つまり参加者が「自分もこのコミュニティの一員だ」と感じられるようにすること。こうした双方向のコミュニケーションを続けていくと、フォロ

● Instagramライブの参考例

ワーはあなたに対してポジティブな印象を持ち、「もっとあなたと商品について知りたい」と思うきっかけになります。これは「信頼関係の構築」に大きく影響します。そのためにも、定期的にライブ配信を行い、フォロワーとのコミュニケーションの機会を増やしていくようにしましょう。

反応が良いライブ配信のテーマと内容の選び方

「見たくなる」ライブ配信にするには、フォロワーが積極的に視聴したくなるテーマを選ぶことが重要です。テーマ選びが成功すれば、視聴者が増えるだけでなく、フォロワーとの信頼関係も深まります。反応が良いライブテーマを決めるには、まずは、フォロワーのニーズや悩みを理解することが大切です。そのためにも、普段フォロワーがどんな投稿をしているか、どんなコメントをしているかもチェックしてみましょう。さらに過去の投稿を振り返って反応が良かったテーマや質問が多く寄せられた内容をピックアップし、それをライブ配信のテーマに取り入れるのも「顧客目線」で考えられるのでとてもいいですね。

またインスタライブを盛り上げるためにも、事前に質問を募集したり、配信中にリアルタイムで質問を受け付けたりするなど、サービス精神の発揮も重要だと考えます。これらはフォロワーにとって価値があるだけでなく、自分自身の専門性をアピールする絶好のチャンスにもなるはず。ぜひ積極的に質問を募集してみてください。

また、視聴者が「このライブ配信を見て良かった」と思えるような内容を心がけましょう。例えば、専門的な知識をわかりやすく解説したり、フォロワーが実生活で活用できる具体的なアドバイスを提供するのも良いですね。さらに視聴者が得た知識や情報をすぐに実践できるよう、具体的なステップや事例を交えて説明すると喜ばれます。

なお、視聴者が飽きないようにするためには、配信の構成にも工夫が必要です。例えば、30分のライブ配信を行う場合、最初の5分でテーマ紹介と視聴者への挨拶、中盤の20分でメインコンテンツの発表、最後の5分で視聴者からの質問に答えるというように、時間配分を考えた構成を取ると良いでしょう。

インスタライブをまだやったことがない方は、ぜひ一度チャレンジしてみてください。回数をこなすことで「コツ」がつかめます。また、他のライバー達を見て「これはいいな」と思ったものを取り入れるのもOK。視聴者にとって価値ある内容を提供し、次回以降のライブ配信へも参加してもらえるよう工夫していきましょう。

ライブ終了後のフォローアップで信頼を深める

ライブ配信の終了間際「ありがとうございました」と視聴者に対して感謝の意を伝え、次回の配信予定や関連する情報を共有しましょう。

ライブ配信が終わった後「終わった～」と気が抜けてしまいがちですが、その後のフォローアップは、視聴者との関係を深めるために非常に大切です。ライブ中に興味を持ってくれた視聴者をそのままにせず、関心を惹きつけておくためにも次の施策をぜひ検討してみてください。

まず、ライブ終了直後にストーリーズで配信のハイライトや感想をシェアすることです。ストーリーズは24時間で消えてしまうため、視聴者にとっては「今すぐ見なければ」という緊迫感を与えることができ、後からライブを見返したいという興味を持たせることができます。ストーリーズには、視聴者からの質問やコメントに対する簡単な回答を紹介してもいいですね。

また、「ライブをアーカイブで見られるのは今から24時間以内です」などの限定性を含めると、今すぐ見なければ！　という気持ちにさせることができます。

次に、ＤＭを活用した個別対応も重要です。ライブ配信中に特に関心を示してくれた視聴者には、感謝のメッセージを送るとともに、追加の情報や特典を提供することで、特別感を感じてもらえます。個別対応は時間がかかるかもしれませんが、その分濃い関係を築くことができます。

さらに、アーカイブ動画を活用することも有効です。ライブ配信を見逃した人や、もう一度見たい人のために、アーカイブ動画を提供することで、視聴者はいつでも内容を確認でき、学びを深めることができます。アーカイブ動画はＹｏｕＴｕｂｅなどで公開することで、より多くの人にアクセスしてもらえるようにしましょう。ただし、すべてのライブ配信をアーカイブとして残すと、リアルタイムで見てもらう必要性が薄まるので、残すものは極力少なくし、ライブに見に来てもらえるようにすることがポイントです。

Section 06

InstagramのストーリーズでLINE登録へ誘導する

ストーリーズがLINE登録へつながる理由

Instagramのストーリーズは、フォロワーとの密接なコミュニケーションを可能にし、短期間でエンゲージメントを高める強力なツールです。実際私もそのような導線を引いてエンゲージメントを高めています。ではなぜ、LINE登録などの具体的な行動につながりやすいのでしょうか。その理由はいくつかあります。

まず、ストーリーズの最大の特徴でもある「24時間限定表示」が理由として挙げられるでしょう。この短期間で消えてしまう特性が、フォロワーに「今すぐ見なければならない」という心理的なプレッシャーを与え、ストーリーズを見た人の行動を促進する大きな要因となるのです。

例えば、ストーリーズで「24時間限定の特別オファー」といったメッセージを伝えることで、フォロワーは「今すぐ行動しなければ、このチャンスを逃してしまう」と感じ、ＬＩＮＥ登録を行う確率が高まるのです。

また、ストーリーズは、写真、動画、テキスト、スタンプ、ＧＩＦなど多様なコンテンツを組み合わせて表現できるため、訴求力が高いという特徴があります。これにより、商品やサービスの世界観を短時間で効果的に伝えることができ、フォロワーの興味を引きつけることができるのです。特に、ストーリーズの「アンケート」や「質問」機能を活用することで、フォロワーとの対話を促進し、エンゲージメントを高めることができます。こうした要素が、フォロワーとの関係をより深め、信頼を築くのに役立っているのです。

Instagramストーリーズの参考例

さらに、ストーリーズにはリンク機能があり、フォロワーを直接ＬＩＮＥ登録ページへ誘導することができます。この機能を効果的に活用することで、フォロワーはワンクリックでＬＩＮＥ登録が可能。行動へのハードルが大幅に下がります。リンクを設置する際には、「今すぐ登録して特典をゲット！」といった明確なＣＴＡを添えることで、フォロワーの行動をさらに促進することができます。

こう考えてみると、ストーリーズはかなり使い勝手のいい機能だということがわかりますよね。ストーリーズを戦略的に活用して、ＬＩＮＥ登録への誘導効果を高めビジネスの安定を図っていきましょう。

⑩視聴者を惹きつけるストーリーズの構成とデザイン

ＬＩＮＥ登録へと視聴者を誘導するためには、Ｉｎｓｔａｇｒａｍのストーリーズをどのように構成し、ＬＩＮＥ登録へ進んでいただくかがとても大事です。では、ストーリーズの流れとデザインをここで押さえておきましょう。

まず、ストーリーズの基本的な流れは「問題提起→解決策の提示→行動喚起」というように構成します。最初に視聴者が共感できる問題を提起し、その後に解決策を提示して、最終的に行動を促すという流れです。例えば、「あなたもこんな問題で悩んでいませんか?」と問いかけた後に、「この方法で解決できます!」と具体的な解決策を示す。最後に「詳しく知りたい方はLINE登録を!」と行動を喚起します。この流れは視聴者にとって自然であり、行動を起こすための心理的なハードルを下げてくれるのです。

デザインに関してのポイントはフォントと色です。ブランドカラーを基調にしながら、背景と文字のコントラストを強調すれば、視聴者がメッセージを一目で理解できるようになります。また、アニメーションやGIFを活用して動的な要素を加えると、視聴者の注意をより引きやすくなります。

このように、ストーリーズの構成とデザインを工夫することで、視聴者をLINE登録へと効果的に誘導することが可能になります。

ストーリーズのハイライトを活用しLINE登録率を高める

Ｉｎｓｔａｇｒａｍのストーリーズは、フォロワーと直接コミュニケーションを取るための効果的なツールですが、24時間で消えてしまう特性があります。そのため、重要な情報を長期間にわたりフォロワーに見てもらうためには、ストーリーズのハイライト機能を活用することが重要です。ハイライトを使うことで、ＬＩＮＥ登録や他の重要なアクションへの誘導が24時間を超えて常に可能となります。

まず、ハイライトを作成する際には、プロフィールの世界観と合ったデザインにするのが大切です。例えばおしゃれなテイストなら、デザインもシンプルにするなど、ブランドのテーマや色合いと一致させ、統一感を持たせることが重要です。ハイライトのタイトルはシンプルでわかりやすいのがポイント！「受講生の声」「使用者の声」など、フォロワーが一目で内容を理解できるようにすることがポイントです。

次に、ハイライトで並べる「順番」も重要です。例えば過去に好評だったストーリーズや、フォロワーからのフィードバックをもとに作成したＱ＆Ａを先頭にして、そのあと登録者限定の特典情報など登録の動機を強化します。そうすると、並びがスムーズなため、フォロワーは自然に次のステップへ進みやすくなります。

また、ハイライトは定期的に更新するようにしましょう。新しい情報やキャンペーン、フォロワーからの質問に対する回答などを加えることで、常に最新の情報を提供し続けます。これにより、フォロワーが何度もハイライトを訪れ、情報を確認してくれるようになります。

ハイライトを設定するプロフィール欄にもリンクを貼ることができます。プロフィールには、あなたの発信する情報が誰の役に立つのか、見た人にどんなベネフィットがあるのかを分かりやすく簡潔に書きましょう。そこへ、ＬＩＮＥ登録プレゼントも紹介し、そのすぐ下に登録のリンクが見えるようにします。

プロフィールを整えたら、すべての投稿で、「ＬＩＮＥ登録はプロフィール欄から」「無料プレゼントはプロフィール欄からＬＩＮＥ登録で受け取ってね」などのＣＴＡを盛り込みましょう。

Section 07

LINEのステップ配信で信頼を獲得する

LINEステップ配信の役割と重要性を理解する

さて、LINE登録をしてもらったら続けてステップ配信をしていきましょう。LINEステップ配信は、見込み客と長期的な関係を築くための強力なツールです。大きな特徴は、見込み客の購買プロセスに合わせた情報を段階的に提供することができることです。LINEの登録直後にいきなり商品を売り込まれてしまうと、人によっては「押し売りされた」と感じてしまうでしょう。そうではなく、まずは価値ある情報を提供し、顧客の信頼を獲得してくれるのがこのステップ配信の特徴です。まさに「欲しい時に情報がもらえる」という優れモノなのです。

例えば、最初のメッセージでは、登録のお礼とともに役立つ情報を提供することで、顧客に

「この情報は自分にとって価値がある」と感じてもらうことができます。その後、ステップごとに商品やサービスの価値を伝え、徐々に信頼を築いていくのです。

なにより大事なのは、「顧客がどのような情報を求めているのか」を理解し、それに応じたコンテンツを提供することです。ステップ配信を通じて、顧客が「購入したい」と思うタイミングを見極め、そのタイミングで適切なオファーをすることで商品やサービスの成約率を高めることができます。

さらに、ステップ配信は顧客との関係を深めるためのコミュニケーション手段としても使えます。顧客からの質問や問い合わせに答えることで、顧客との双方向のコミュニケーションを促進することができます。これにより、顧客は「大切にされている」と感じ、信頼関係が強化されるのです。

◎効果的なLINEステップ配信のシナリオ設計

LINEステップ配信では、文字数制限（500文字）を考慮したメッセージ設計が重要です。ここでは、4通のメッセージで信頼を構築し、行動を促す効果的なシナリオ設計方法を解説します。

1通目：感謝とプレゼントで第一印象を掴む

初回メッセージでは、登録への感謝と共に、特典PDFのダウンロードURLをリッチメニューに設置します。「最初にプレゼントを受け取ってください」と明記することで、スムーズな顧客体験を提供します。URLをリッチメニューに掲載することで、本文の文字数を節約できます。

さらに、アンケートフォームURLもリッチメニューに設置し、年齢や興味関心などを把握します。Googleフォームではなく、LINEの返信で回答を促すことで、回答率向上を目指します。

最後に、次回配信時間と内容の予告を簡潔に記載し、期待感を高めましょう。

2通目：アンケート結果と共感を生み出す

前日のアンケート結果を一部紹介し、未回答者には改めて回答を促します。集計結果から抽出した顧客の悩みに焦点を当て、解決後の喜びを想像できる具体的なエピソードを共有することで、共感を醸成します。

プレゼントPDFのダウンロードURLをリッチメニューに再掲し、見逃した顧客へのフォローも徹底します。

次回配信予告では、悩みの解決策を提供することを明示し、配信時間を告知します。SNSアカウントを運用している場合は、フォローを促すメッセージも効果的です。

3通目：自己紹介と更なる深掘り

自身の成功体験を共有し、顧客との距離を縮めます。バックエンド商品が顧客の悩みに最適な理由を、体験談や顧客の声を交えて説明することで、信頼感を構築します。

次回配信では商品詳細を紹介することを予告し、新たなアンケートを実施します。ここでは、商品への期待や解決後の展望など、より深い情報を収集し、今後のステップ配信に役立てます。

● 効果的なLINEステップ配信

4通目：商品概要と限定オファーで行動を促す

バックエンド商品の概要を説明し、期待値を高めます。文字数の多い目次は、画像化してリッチメニューに掲載することで、効果的に情報を伝えられます。

販売開始日時と個数を限定し、「明日から4日間限定30個」のように希少性を演出します。価格はここでは触れず、詳細を次回配信で告知することで、期待感を最大化します。「明日のLINEを必ずご確認ください」と強調し、行動を促します。

効果的なLINEステップ配信のカギは、簡潔さと顧客視点です。各ステップで提供する情報と行動喚起を明確にし、顧客心理に寄り添ったメッセージ設計を心がけましょう。絵文字を活用して親しみやすさを演出するのも有効です。実践と改善を繰り返すことで、最適なシナリオを構築し、成約率向上を実現しましょう。

開封率とクリック率を上げるメッセージ作成のコツ

さて、いくらシナリオどおりにステップ配信を作成しても、メッセージが開封されなければまったく意味がありません。「メッセージを開いてもらう」、いわゆるクリック率を上げるコツがいくつかあります。

まず魅力的なタイトルを付けることです。タイトルは、短くインパクトがあり、受け取り手の興味を引く内容にしましょう。例えば、具体的な数字を含めたり、質問形式にしたりすることで、読者の好奇心をくすぐることができます。「90％の人が満足と回答！」というタイトルだと興味をひきますよね。反応がよかったタイトルはテンプレート化していきましょう。

タイトルだけではなく、メッセージの内容そのものにも仕掛けが必要です。長すぎるメッセージは読者に負担をかけ、途中で読むのをやめてしまう可能性があります。そのため、必要な情報を簡潔にまとめ、テンポよく伝えることが大切です。「○○は、◆◆です。なぜなら～です」というように、短文でかつ話し言葉のようにリズミカルで親しみやすいトーンを目指しましょう。時々絵文字を挟み、読みやすくしましょう。絵文字はメッセージの雰囲気を柔らかくし、感情を伝える手助けをしてくれます。ただし、使いすぎは逆効果になることもあるため、適度に使用することがポイントです。また、改行を使ってメッセージを段落ごとに分けるとグッと読みやすくなります。

また、文字だけのメッセージよりも、画像や動画を活用したリッチメッセージや、カードタイプメッセージを活用することで開封率が格段に上がります。ぜひこれらのポイントを踏まえた上で、ステップ配信を活用してみてください。

ただしこれをすべて「手動」でやるのはかなり大変です。ステップ配信も自動化していきましょう。UTAGEを使えば、配信内容をあらかじめ設定し、顧客が登録したタイミングに応じて自動的にメッセージを送信することができます。

成約につなげるクロージングメッセージの作り方

ステップ配信で、特に大事なのが顧客が最終的に購入を決断するための大きな要因となる「クロージングメッセージ」です。このメッセージが効果的であるかどうかで、成約率が大きく変わります。

まず、大事なのが「クロージングメッセージを送る最適なタイミングを見極めること」です。このタイミングを間違うと顧客はあなたへの興味関心を失ってしまいます。顧客が商品に十分な興味を持ち、購入意欲が高まった段階でオファーを提示しましょう。

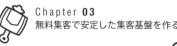

タイミングとあわせて、改めて「提供する商品の価値を明確に伝えること」も重要です。商品の特徴やメリット、また顧客がその商品を手に入れることで得られる利益などを強調してください。クロージングメッセージに特典を付け加えることで、顧客の購買意欲をより掻き立てることもできます。特典は、限定的であればあるほど効果的なので、「今月末までの購入で特別価格」や「先着50名様限定で特典付き」といった形で希少性を演出すると良いでしょう。

さらに、心理的トリガーを活用することで、顧客の行動を促すことができます。希少性や緊急性を感じさせるメッセージを組み込むことで、顧客に「今すぐに購入しなければならない」と思わせることができます。また、他の顧客のレビューや体験談を共有することで、購入に対する信頼感を高められます。

成約につなげるためのクロージングメッセージは、単に商品の情報を伝えるだけではなく、顧客の心に響くような内容であること。顧客が「この商品を手に入れることで、どんな未来が待っているのか」を具体的にイメージさせることが何より大切なのです。

Section 08

LPに誘導して成約につなげる方法

LPの役割と成約率を高めるための基本設計

クロージングメッセージだけでは成約に至らないケースは少なくありません。そこで重要な役割を担うのが、顧客の行動を後押しするランディングページ（LP）です。LPは、見込み客に「価値を高めてくれるもの」と認識させることで、成約への最後のひと押しを行う強力なツールです。

効果的なLPを構築するための黄金律として、PASTORフォーミュラをご紹介いたします。これは、顧客心理に基づいた6つのステップで構成され、高い成約率を実現するためのフレームワークです。

1. Problem（問題提起）：顧客の痛みを明確にする

まずは、強力なヘッドラインで顧客の関心を掴みます。ターゲットの悩みや欲求にダイレクトに訴えかけることが重要です。「○○にお悩みの方へ！」といった、共感を呼ぶフレーズも効果的です。顧客が抱える問題を明確に提示することで、解決策を求める意識を高めます。

2. Agitation（煽り）：問題の深刻さを強調する

問題を放置した場合のリスクや、現状維持による不利益を具体的に示すことで、顧客の不安感を煽ります。具体的な事例やデータを用いることで、説得力を高めます。

● PASTORフォーミュラ

Problem（問題提起）
Agitation（煽り）
Story（ストーリー）
Testimony（証明）
Offer（提案）
Response（行動喚起）

3．Story（ストーリー）：共感と信頼を築く

感情に訴えるストーリーや、成功事例、顧客の声などを効果的に活用することで、商品やサービスの価値を伝えます。顧客が自身と重ね合わせることができるストーリーは、共感と信頼を獲得するために不可欠です。

4．Testimony（証明）：客観的な証拠で信頼性を高める

専門家の意見や統計データ、第三者機関による検証結果などを提示することで、商品やサービスの信頼性を客観的に証明します。具体的な数字や権威性のある情報が、顧客の購買意欲を高めます。

5．Offer（提案）：具体的な解決策を提示する

顧客の抱える問題に対する具体的な解決策として、商品やサービスのメリットや成果を明確に提示します。価格や保証内容など、顧客が知りたい情報を分かりやすく伝えることが重要です。

6. Response（行動喚起）：顧客の行動を促す

最後に、明確な行動喚起（CTA）を設置します。「今すぐ申し込む」「無料で試してみる」など、具体的な行動を指示するフレーズと、視認性の高いボタンデザインが効果的です。

さらに、LPの効果を最大化するためには、A／Bテストの実施が不可欠です。異なるバージョンのLPを比較分析し、データに基づいた改善を繰り返すことで、パフォーマンスを向上させ、成約率の向上へと繋げることができます。PASTORフォーミュラとA／Bテストを効果的に活用することで、顧客を魅了し、成約へと導く強力なLPを構築しましょう。

◎興味を引くヘッドラインとファーストビューの作り方

LPで最も重要な要素の一つは「ファーストビュー」です。これは訪問者が最初に目にする部分であり、ここでの印象がその後の行動に大きな影響を与えます。魅力的なヘッドラインや視覚的な要素がしっかりと設計されていれば脱落せずページを読み進めてくれます。

まず、ヘッドラインの作り方を説明しますね。ヘッドラインは訪問者の目を引き、興味を持たせるための強いキャッチコピーのこと。シンプルかつ具体的で、訪問者が得られる価値を明確に伝えることが重要です。

例えば、「たった30日で○○を達成する方法」「20日間○○するだけで、理想のボディへ」といった具体的な数字や結果を提示することで、訪問者の興味を引きつけることができます。

次にファーストビューについて考えていきましょう。ファーストビューは、ヘッドラインと同じく訪問者が初めて見る部分です。ここで使用するビジュアルは、商品やサービスの魅力を直感的に伝えるものにしましょう。例えば、商品の使用シーンや実際の成果を示す画像、また商品を使って得た理想の姿を表すなど、訪問者に具体的なイメージを提供しやすくします。

さらに、ファーストビューにはキャッチコピーが欠かせません。キャッチコピーは、訪問者の関心を引き、ページを読み進める動機を与える役割を持ちます。ターゲットの悩みを解決する提案を含めると効果的です。「あなたの○○を解決します」「1日○○をすれば、英語が話せるようになる」というように提案が具体的であればあるほど、訪問者の心に深く響きます。ここでのキャッチコピーは短く、インパクトがあることが重要で、訪問者が直感的に理解できる内容にすることを心がけましょう。

LPにはパソコンからだけでなく多くのユーザーがスマホからアクセスする現代において、デバイスに最適化されたデザインは必須です。スマホでの表示を意識し、テキストや画像の配置を調整することで、閲覧しやすいレイアウトにすることが求められます。特に、ファーストビューの情報が一目で伝わるように必ず調整しましょう。スマホでは縦スクロールが基本となるため、画面上部に重要な情報を配置し、訪問者がすぐにアクションを起こせるようにCTAボタンを目立たせることも大切です。

③読者の行動を促す効果的なCTAの設計

LPを訪れる人々に最後、具体的な行動を促すためには、効果的なCTAを配置するのが必要不可欠です。CTAは、訪問者が商品やサービスの購入、問い合わせ、資料請求など、次のステップに進むための大切な役割を果たします。ここでは、CTAを効果的に設計するためのポイントについて詳しく解説します。

まず、CTAのボタン配置です。訪問者が自然に視線を移動させる場所にボタンを配置するようにしましょう。一般的には、ページの上部と下部、またはコンテンツが区切られるポイントにCTAを配置するのが効果的です。特に、訪問者が最も興味を持ちそうな情報の直後に配置することで、関心を行動に結びつけやすくなります。

CTAのボタン自体のデザインも実は訪問者の行動に影響を与えます。ボタンは他のコンテンツから視覚的に際立たせる必要があります。色はコントラストが強く、目を引くものを選びましょう。また、ボタンの大きさや形にも注意を払い、クリックしやすいデザインにすることが重要です。中には矢印や指マークでクリックを促すものがありますよね。そうしたビジュアル面にもぜひこだわってみてください。

また、CTAのコピーに工夫を凝らすことも重要です。単に「クリックしてください」や「ここを押す」といった表現ではなく、具体的な価値を伝えるメッセージを盛り込みましょう。例えば、「今すぐ無料で試してみる」や「限定オファーを受け取る」といった表現は、訪問者にとってのメリットが明確で、行動を促しやすくなります。

それができたら、改めて訪問者が迷わずCTAにたどり着くか、LP全体の流れを確認してみてください。視線誘導を意識したデザインになっているか？　ストーリー性のあるコンテンツ構成になっているか？　ＬＰの先にある申し込みフォームの項目はシンプルで迷わないものになっているか？　必ず全体感をチェックし、少しでも引っかかりがあれば、修正するようにしましょう。細部まで見てスムーズになっているか、これをくまなくチェックすることが、成約率を上げるもうひとつの要素です。

これらのポイントを踏まえてＣＴＡを設計することで、ＬＰのコンバージョン率を高め、訪問者が求める行動を促進することができます。効果的なＣＴＡは、訪問者の関心を具体的なアクションに変える力を持っており、ビジネスの成果に直結します。ＣＴＡの設計を最適化することで、ＬＰの効果を最大化し、売上の向上につなげることができます。最後まですべてのポイントを意識してＬＰを作り上げましょう！

Chapter 04

有料集客で売上を加速させる

Section 01

有料集客とは何かを理解し効果的に活用する

有料集客の本質を理解し成功するための基礎を固める

時間をかけて少しずつ認知を広げ、信頼を築く無料集客と比べ、有料集客は認知を素早く広める方法ですが、その分費用がかかります。無料集客で売上の基盤をつくったところで、今度は売上を加速させるため「有料集客」に進んでいきましょう。有料集客というとまっさきに思い浮かぶのは広告だと思います。しかし、広告を出せば売上に直結するわけではありません。広告を含めた有料集客を結果につなげていくためには、本質を理解し、適切な期待値を持つことが大切なのです。

では、有料集客のメリットは何でしょうか。最大のメリットは、短期間でかつ広範囲にターゲットにアプローチできることです。ちなみに広告のターゲティング機能を活用すれば、特定の興味や行動を持つ人々に絞ってメッセージを届けることができ、無駄な支出をしなくてすみます。

一方で、有料集客にはデメリットもあります。一番のデメリットは広告費用でしょう。費用が一定程度かかるため、予算管理は必須です。また広告の効果が出るまでには試行錯誤が必要で、初めは思ったような成果が得られないことも多いです。しかし「結果が出ないから広告はやめよう」と思うのはもったいないことです。あくまで広告は「認知」を得るための手段であり、それだけで「共感」や「信頼」を築くことは難しいもの。広告をきっかけにして、広く認知をとる。そこから見込み客をどのように育成し、信頼関係を築いていくかが成功のカギなのです。

また有料集客が成功しやすい「環境」というものがあります。例えば、新商品を短期間で広く認知させたいとき、特定のターゲット層に対してピンポイントで訴求したいときには効果的です。

有料集客は、適切な戦略と期待値のもとで活用することで、ビジネスの成長を加速させる強力な手段となります。成功するためには、単なる広告出稿ではなく、マーケティング全体の流れを意識して、無駄のない有料集客を進めていきましょう。

Ｍｅｔａ広告が果たす役割と集客プロセスを最適化するポイント

さまざまなＷｅｂ広告の中でも、私がとくにおすすめしたいのが「Ｍｅｔａ広告」です。「Ｍｅｔａ広告」とは、ＦａｃｅｂｏｏｋやＩｎｓｔａｇｒａｍなどを展開するＭｅｔａ社が提供する広告のことを指し、ターゲットに効果的にリーチできる有料集客手段として、多くのビジネスで活用されています。しかし、広告を出稿するだけで売上が劇的に伸びるわけではありません。重要なのは、広告が「認知」の段階で役立つ一方、その後の「共感」「信頼」「行動」へとつなげるプロセスを、どのように設計するかです。

まず、Ｍｅｔａ広告のターゲティング機能について理解することが重要です。Ｍｅｔａ広告はユーザーの興味や行動、デモグラフィックデータに基づいて、非常に細かいセグメントを設定できます。これにより、広告をより適切なユーザー層に届けることが可能になります。例えば、特定の興味を持つユーザーに向けて広告を配信することで、無駄な広告費を削減し、集客効果を最大化することができます。

次に、広告クリエイティブの質が成約に大きく影響することを理解しましょう。Ｍｅｔａ広告では、画像や動画、テキストの組み合わせがユーザーの関心を引くカギとなります。視覚的に魅力的で、かつメッセージが明確なクリエイティブを作成することが、広告のクリック率を高めるために不可欠です。また、A／Bテストを活用して、どのクリエイティブが最も効果的かを検証し、最適化を進めることも重要です。

広告をクリックしたユーザーをどのように「共感」「信頼」へと導くかも考慮しなければなりません。広告から誘導されるLPは、ユーザーが興味を持つ内容である必要があります。

Meta広告の効果を最大化するためには、こうした一連のプロセスをスムーズに設計し、各段階でのユーザーの動きをしっかりと追跡し、最適化を行うことが重要ポイントです。このように広告の設計から運用、フォローアップまでを一貫して考えることで、あなたの集客と売上アップを効果的に実現することができます。

● Meta広告からの集客プロセスフロー

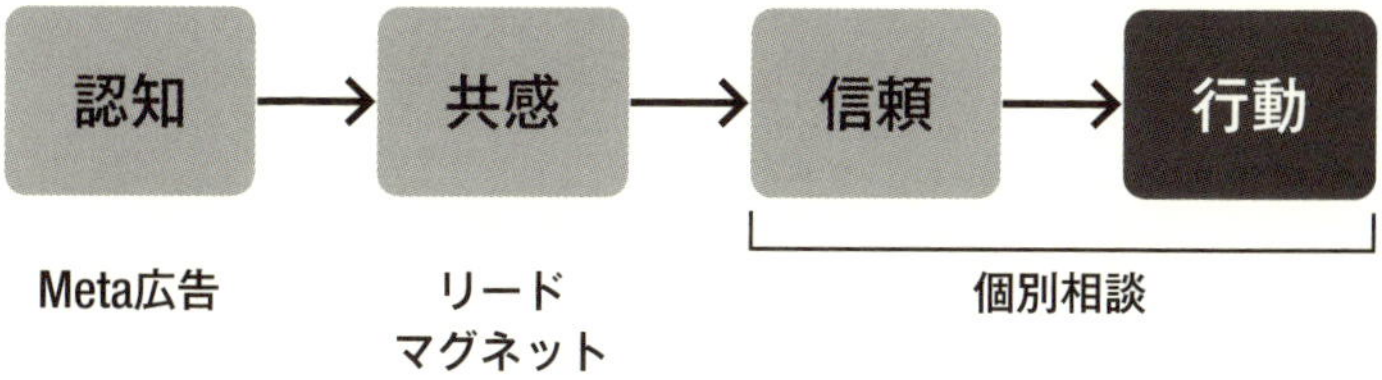

Meta広告で失敗しないためのリスク管理と注意点

多くの方は「広告を出せばすぐに売上が上がる」と考えてしまいがちですが、実際にはそんなことはありません。失敗しないためには、いくつかポイントがあります。

まず、ターゲットの設定を誤らないこと。ターゲットを明確にし、ターゲットの興味や関心に合わせた広告を配信すること。基本的なことですが成功への第一歩です。

次に、広告クリエイティブも重要な要素です。魅力的なビジュアルや心に響くコピーは、ターゲットの注意を引き、行動を促します。しかし、クリエイティブが見込み客のニーズに合っていないと、どれだけ広告を配信しても効果は期待できません。A／Bテストを活用し、異なるバージョンの広告を試しながら、どのクリエイティブが最も効果的かを分析することが大切です。

もっとも重要なのが、広告配信後の効果測定です。クリック率やコンバージョン率といったKPI（重要業績評価指標）を設定し、それに基づいて広告の成果を評価しましょう。このとき思うような結果が出ていない場合は、ターゲティングやクリエイティブ、配信タイミングを見直す必要があります。データに基づき、広告を改善していくことで広告費の無駄もなくすことができます。なお、広告運用の初期段階では、テスト予算を設定し最初は小規模なテストから行っていきましょう。効果的な戦略を確認してから、本格的な予算を投入することで、リスクを最小限に抑えることができます。

このように、Ｍｅｔａ広告の成功には、ターゲット設定、クリエイティブの最適化、効果測定の３つの柱が欠かせません。この３つが適切に回っているかどうか。チェックをして常に改善していくことで、広告費を無駄にせず、売上を最大化することが可能です。

Section 02

Meta広告を活用した集客の戦略を理解する

広告の目的を明確にしコンバージョン率を高める

ここでは、Ｍｅｔａ広告を使った集客戦略を押さえておきましょう。

まず、広告を打つ上で考えておきたいのは、「広告を出す目的」です。広告の目的が不明確なままでは、どんなに良いクリエイティブやターゲティングを行っても、期待する成果にはなかなか結びつきません。広告の目的は、認知拡大、見込み客の獲得、販売促進などさまざまなものがありますが、ここではリード獲得を目的として話を進めてみます。「リード」とは、商品やサービスに興味を持ち、将来的に顧客になる可能性のある見込み客のことです。

リード獲得を目的とする広告では、見込み客の情報を収集することが目標です。ユーザーが興味を持った際にスムーズに情報を入力できるフォームを設置し、特典やキャンペーンを提供することで、ユーザーが情報を提供するハードルを下げることができます。これだけで「どんな広告なら反応が取れそうか」少しイメージできたと思います。このように広告の目的が明確になると、それに合わせた戦略を立てることができるのです。

「どんな広告を出していいかわからない」と思う場合、広告の目的があいまいになっているかもしれません。まずは広告の目的をしっかり定めてみてください。

Ｍｅｔａ広告のターゲットを明確にして成果を最大化する

Ｍｅｔａ広告は細かなターゲティングが可能です。まず、Ｍｅｔａ広告のターゲティング手法を整理してみましょう。代表的なものとして、カスタムオーディエンス、類似オーディエンス、興味関心ターゲティングの3つがあります。

カスタムオーディエンスは、あなたのサイトを訪問したユーザーなど、過去に接点を持ったユーザーに再びアプローチしたい、その類似ユーザーにリーチしたいときに有効です。あなたのウェブサイトやアプリ、Ｍｅｔａのサービス上のアクション、顧客情報など、ユーザーの行動履歴や顧客情報を活かしたターゲットリストを作成できます。

類似オーディエンスとは、指定したユーザーデータをもとに「似ているユーザー」へ広告を配信してくれる機能です。「商品を購入した人」「サービスを利用した人」などに似ているユーザーへ配信できるため、高い成約率が期待できます。

興味関心ターゲティングは、特定のカテゴリーに興味を示しているユーザーに広告を配信できるターゲティングです。

Ｍｅｔａ広告にはこのような種類があるため、ターゲットが明確でないと広告が広範囲に配信され、無駄なコストになってしまいます。こういった失敗を防ぐためには、ターゲット設定をしっかり行うことが重要です。

ただ、いったんターゲットを決めたとしても広告キャンペーンの進行中、成果が出なければ必要に応じてターゲットを調整するなどの柔軟性も大切です。ちなみに、あえてターゲット設定を詳細に決めずに年齢や性別だけで広告を出し、その広告に興味を示しクリックしたユーザーの特性をＡＩに学習させて、類似ユーザーに広告を表示させていく手法もあります。

どの手法においても、ターゲティングの精度を高めるために、常にデータを分析し、戦略を見直すことで、成果を最大化していくことができるのです。

Section 03

Meta広告で効果的なクリエイティブを出稿する

ターゲットの心をつかむ広告クリエイティブの基本

広告クリエイティブ、つまり広告の「見た目」は、Meta広告で成果を出すためにかなり重要なポイントです。ではどんなことを意識すればいいのでしょうか。ポイントを説明していきますね。

なによりターゲットの心に刺さる広告を作るのが大切です。そのため、まずはターゲットのペルソナをはっきりさせましょう。ここでいうペルソナは、その人物がどのような価値観を持っているか？　どんなライフスタイルを実践しているか？　家族構成は？　趣味は？　といった人物のプロフィールを作成することです。そうすれば広告がよりパーソナライズされ、ターゲットの心に響く内容になるはずです。その上で、インパクトのあるビジュアルをつくっていきましょう。ターゲットの目を引く画像や動画は、ユーザーのフィードをスクロールする手を止めさせ、広告に注目させる力を持っています。色使いや構図、フォント選びなど、細部にまでこだわることが大切です。

そこに入れるキャッチコピーも重要です。「今すぐ手に入れるべき」「あなたの生活を変える」といった短くてもインパクトがあり、ターゲットの欲求や悩みに直接訴えかける言葉を選びましょう。また、ターゲットのベネフィットを書くのも大切です。「明日から人前で上がらず話せる」「カンペを見ず、スラスラ話せる」など、ターゲットが切望する具体的な理想の未来を言語化しましょう。心理学を活用したデザインも、広告効果を高めるためのポイントです。例えば、購入を促すために希少性や緊急性を感じさせる表現を取り入れることが有効です。「限定10個」「今だけ割引」といったフレーズは、消費者の行動を促進します。また、視線誘導のテクニックを用いて、ユーザーの目線を自然にＣＴＡに導くデザインを心掛けましょう。視線誘導には、矢印や人物の視線を利用することが効果的です。

このように、Ｍｅｔａ広告の効果を最大化するためには、ビジュアルとコピーのバランス、心理学を活用したデザイン、視線誘導のテクニックを組み合わせて、ターゲットに刺さる広告クリエイティブを作成することが重要です。これらの基本を押さえることで、ターゲットの心をつかみ、広告の成果を飛躍的に向上させることができるでしょう。

クリック率を高める画像・動画広告の作り方

画像や動画広告は、マーケティング戦略の中で非常に重要な役割を果たします。特にMeta広告では、視覚的な要素が広告の成果に大きく影響を与えるため、インパクトのあるビジュアルを作成したいですね。広告フォーマットには静止画、動画、カルーセルなどがあります。それぞれのフォーマットには独自の特徴があり、ターゲットに合わせた選択が重要となってきます。

静止画広告は、シンプルでメッセージを直接的に伝えやすいというメリットがあります。デザインの際は、視認性の高い色使いや、フォーカスポイントをしっかり打ちだすこと。例えば、商品やサービスのメリットを一目で理解できるようなはっきりとしたデザインにしましょう。

動画広告は、動画によって展開されていくので視聴者の興味を引きやすいのが大きなメリットです。短い時間でメッセージを効果的に伝えるためには、最初の3秒で視聴者の心をつかむことが大切です。例えば、冒頭にインパクトのあるビジュアルや音声を使用すると、その後も広告を見てもらいやすくなります。また、ストーリー性を持たせることで、視聴者に感情的なつながりを感じさせ、記憶に残りやすくなるのも動画広告のメリットです。

カルーセル広告は、複数の画像や動画を連続して表示できるため、複数のメッセージや商品を一度に紹介するのに適しています。各スライドに関連性を持たせつつ、次のスライドへ興味をつなげる工夫をすることで、多くの情報を届けることができるでしょう。

● 広告フォーマットの例

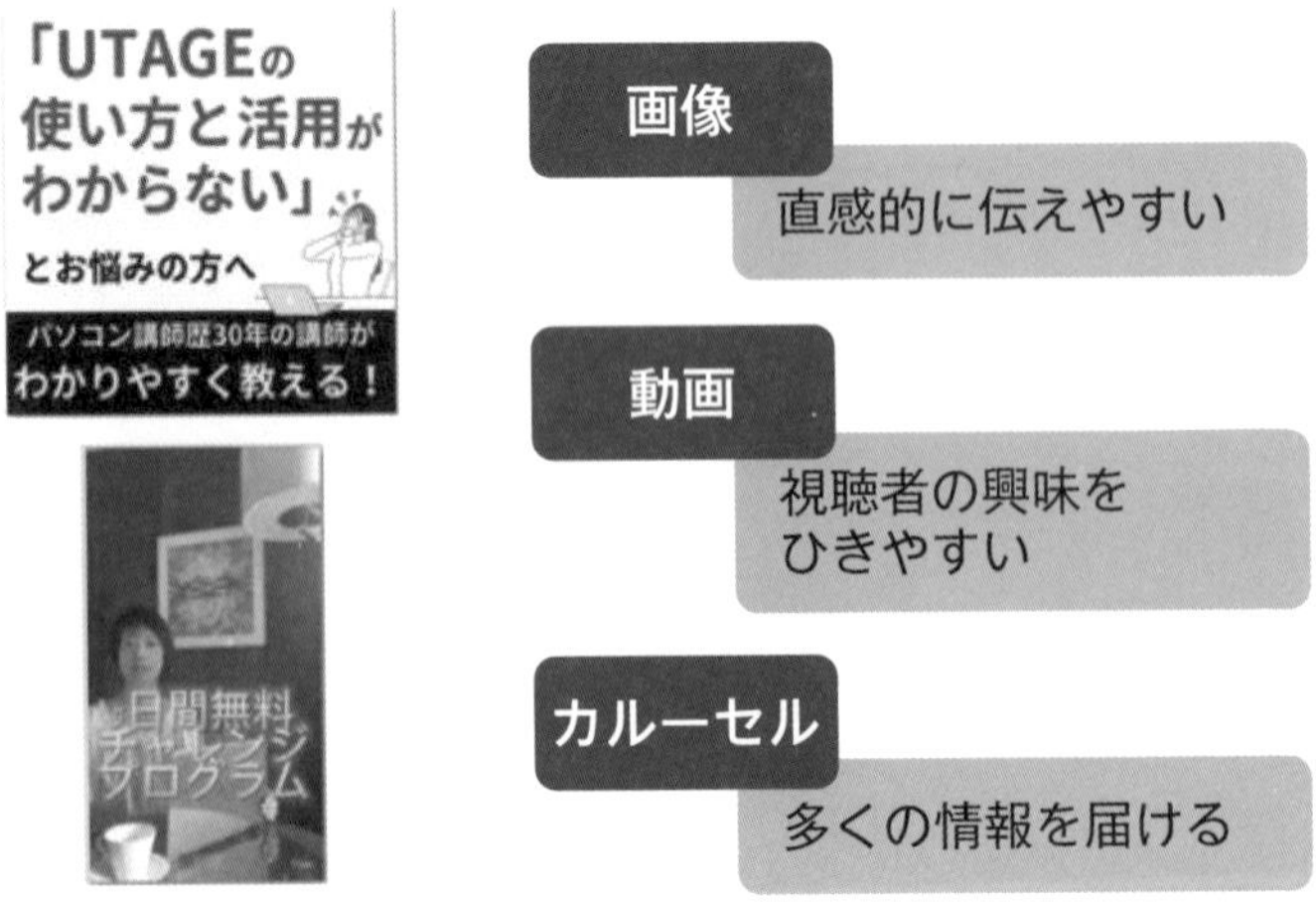

さまざまな広告フォーマットをご紹介してきましたが、それでも共通するのはターゲットに合ったビジュアルを打ちだすことです。例えば20代向けの広告であれば、トレンドを意識したスタイリッシュなデザインが効果的ですし、逆に60代であれば文字を大きめにわかりやすく、視覚的に見やすいデザインにするといいですね。

これらのポイントを踏まえ、広告のビジュアルを設計することで、クリック率を向上させ、広告の効果を最大化することが可能となります。広告のクリエイティブは、有料集客での「認知」を担う大切な部分です。ターゲットの心をガツンとつかむクリエイティブを目指しましょう！

09 A／Bテストを活用して広告パフォーマンスを向上させる

広告は1つだけ作成して終わりではなく、複数作成してA／Bテストを行い、広告の効果を最大化していきましょう。A／Bテストとは、異なるバージョンの広告を同時に試し、どちらがより効果的であるかを比較する手法で、多くの企業が使っている手法でもあります。このプロセスを通じて、広告のどの要素がターゲットに響くのかがわかり、よりパフォーマンスの高い広告を作成することができます。

・広告画像

広告画像は最も目を引く部分であり、そのデザインや色彩が大きな影響を及ぼします。異なるデザインの画像を用意し、どちらがクリック率がいいか比べてみると良いでしょう。

・コピーライティング

異なるメッセージやトーンで広告文を作成し、どのバージョンが反応したかチェックしましょう。

・CTA

CTAの文言や配置を変えることで、反応が違う場合があります。例えば、「今すぐ購入」と「詳細を見る」だけでも行動が違う場合があります。CTAの文言を変え、テストしていくことで最も効果的なフレーズを発見できます。

・ターゲティング

ターゲティングもA／Bテストを行うことで、どのセグメントが最も反応するか、見ることができます。異なるオーディエンス設定を試すことで、広告がどの層に最も効果的に届くかを見極め、広告戦略を最適化することができます。

A／Bテストの結果を分析する際には、集めたデータが信頼に値するかどうかもきちんとチェックしましょう。テスト期間中に十分なデータが集まらない場合、本当の結果なのか、それとも偶然起こったものなのかわからない場合があります。テストを行う際には期間を適切に設定し、統計的に有意なデータを収集するのも重要なポイントです。

また、A／Bテストは一度きりのものではなく、継続的に行うことが重要です。消費者の嗜好や市場のトレンドは常に変化しています。そのため、定期的にテストを繰り返し、最新のデータに基づいた広告の改善を続けましょう。そうすることで、常に最適な広告パフォーマンスを維持することができ、集客と売上の最大化を実現できるのです。

Section 04

広告から誘導して共感が得られる特典を配布する

LPの役割を理解し成約率を高める設計の基本

効果的なＭｅｔａ広告を作成し、ターゲット層へアプローチできたとしても、適切なランディングページ（ＬＰ）がなければ、期待する成果を得ることはできません。ＬＰは見込み客が最初に接触する重要なポイントであり、成約への導線となる役割を担います。ここでは、高い成約率を実現するＬＰ作成のためのフレームワーク、ＢＥＡＦの法則をご紹介します。

ＢＥＡＦの法則とは、ＬＰにおける顧客の心理的変化を4段階に分け、それぞれに最適なコンテンツを提供することで、自然な流れで成約へと導く手法です。

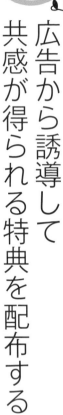

1. Benefit（ベネフィット）：顧客の利益を明確に提示する

LPのファーストビューで最も重要なのは、訪問者へ明確なベネフィット（利益）を提示することです。魅力的なキャッチコピーやビジュアルを用い、ターゲットの課題やニーズを解決できることを一目で理解させましょう。具体的な事例、顧客の声、実績データなどを提示することで、信頼性を高め、興味を引きつけます。

2. Evidence（エビデンス）：根拠を示し、信頼を獲得する

提示したベネフィットを裏付ける根拠を示すことで、顧客の信頼を獲得します。データや統計、専門家の意見、第三者機関の認証などを効

● 高い成約率を実現するBEAFの法則

Benefit（利益）

Evidence（根拠）

Advantage（優位性）

Feature（特徴）

果的に活用しましょう。ビジュアルを用いて分かりやすく提示することで、説得力を高めることができます。

3．Advantage（アドバンテージ）：競合との差別化を明確にする

競合他社にはない、独自の強みや優位性を明確に提示することで、顧客に選ばれる理由を提供します。価格、品質、機能、サービスなど、具体的な比較ポイントを提示し、優位性を強調しましょう。独自の技術やノウハウ、特許取得なども効果的な差別化要素となります。

4．Feature（フィーチャー）：具体的な特徴や機能を説明する

商品やサービスの具体的な特徴や機能を詳細に説明することで、顧客の理解を深めます。分かりやすい説明とビジュアルを用いることで、顧客が抱える疑問や不安を解消し、購買意欲を高めます。

そして、各段階において適切なCTA（Call to Action）を設置することで、顧客を次のステップへとスムーズに誘導します。ボタンの色、配置、文言などを工夫し、クリッ

クしたくなるようなデザインを心がけましょう。

ＬＰは一度作成したら終わりではなく、継続的な改善が必要です。訪問者の行動データを分析し、効果的な要素、改善すべきポイントを洗い出し、常に最適な状態を維持することが重要です。ＢＥＡＦの法則を理解し、顧客視点に立ったＬＰを構築することで、Ｍｅｔａ広告の効果を最大化し、成約率の大幅な向上を実現しましょう。「ＬＰなんて必要なの？」と疑問に思っていた方も、この機会にぜひＬＰ作成に着手し、ビジネスの成長を加速させてください。

見込み客の心をつかむリードマグネットの作り方

ＬＰを作成していくときには「リードマグネット」という要素を付け加えることも大切です。このリードマグネットとは、いわゆる「おまけ」という意味で、魅力的な無料特典のことをさします。見込み客がマグネット（磁石）に引かれてくるから、リードマグネットと呼ばれているようです。さて、その種類にはＰＤＦ、動画、チェックリストなどがあります。

ＰＤＦは商品やサービスに関連したさらなる詳細資料やホワイトペーパーとして活用してもらえそうです。特に、実践するのに専門的な知識が必要な商品・サービスでは、ＰＤＦ形式が信頼感を与えやすいとされています。一方、動画は視覚的なインパクトが強く、短時間で多くの情報を伝えられるためチュートリアル的な活用や、手順を説明するときなどに向いています。また、チェックリストは、ある課題を解決するためのステップをひとつずつ記したもので、課題を解決していくサポートに役立ちます。

このようにリードマグネットにはさまざまな種類があるのですが、「どのリードマグネットを提供するか」は、見込み客のニーズを深く理解

● 有効なリードマグネット例

チェックリスト
タスクを効率的に進めるためのリストで、簡潔で即活用できる。

ワークシート
作業を効率化するテンプレートで、業務改善やビジネスに役立つ。

PDF（電子書籍）
専門的な情報を体系的にまとめた資料で、信頼性と価値が高い。

動画
視覚的な解説で理解を深めるコンテンツで、親近感と学習効果が高い。

オンラインセミナー/ウェビナー
専門的な知識を共有し、双方向の学びが得られる。

すると見えてくるでしょう。

例えば、ダイエットに興味があるターゲットには、食事プランのチェックリストやエクササイズ動画などが、良いリードマグネットとなるでしょう。またZｏｏｍの使い方に興味があるターゲットには、動画で説明してあげると自分で手を動かしながらやってみようと思ってもらえそうですよね。このようにリードマグネットは、「使ってみたい」「ためになった」と思ってもらえるようなものを提供しなければいけません。「おまけだから適当でいいや」ではなく「見込み客と長期的な関係を築くための大事な特典」ととらえてみてください。そうすれば見込み客はあなたにますます信頼を持ち、次のステップへ進もうとしてくれます。

なお、特典をダウンロードするためにはメールアドレスの登録が必要です。そのことをしっかり見込み客には示し、登録後すぐに特典を受け取れるようにしましょう。このプロセスをスムーズにすることも、登録率アップのカギです。

LPでのCTAの最適化

LPにおいても、CTAは訪問者を行動に導く重要なポイントです。CTAは訪問者に何をしてほしいのかを伝え、最終的にはコンバージョンにつながる大事な導線の一部。そのためCTAの設計には細心の注意を払いましょう。では、どんな風にCTAを作成していけばいいか解説していきますね。

まず、CTAのキャッチコピーです。これはシンプルかつ、訪問者に対して明確な行動を促すものでなければなりません。「今すぐ登録」「無料で試す」「詳細を見る」など、具体的で行動を促す言葉を選びましょう。また、訪問者の感情を動かすような言葉を加えることで、より強いインパクトを与えることができます。例えば、「限定オファー」「今日だけ」「特典付き」などの文言は、訪問者にすぐ行動を起こさせるきっかけとなります。

次に、CTAの配置です。ページを訪れた人が自然に目にする位置にCTAを配置しましょう。一般的にはページの上部や折り返し（スクロールしなくても見える範囲）のすぐ下に配置するのが効果的とされているため、まずはここに配置しましょう。また、ページのスクロールを追っかけるようにCTAが常に表示されると、訪問者はどのタイミングでも行動を起こしやすくなります。視覚的に目立たせるために、ボタンの色やサイズを工夫することもポイントです。

さらに、A／Bテストを活用してCTAの効果測定をし、最適化をはかることもお忘れなく。「たかがボタンでしょう」と思うなかれ、LPでのCTAの最適化は、訪問者の行動を効果的に誘導し、最終的な成約につなげるための重要なステップなのです。

UTAGEを活用して特典配布を自動化する

さて、こうした特典の配布はとてもじゃありませんが、手作業では行えません。時間と労力がかかるだけでなく、ミスが発生する可能性もあるからです。また、手作業で行うと訪問者がすぐに特典を受け取れないため、商品やサービスへの信頼度が低下する恐れもあります。それを防ぐためにも、特典配布は自動化するようにしましょう。そのために「UTAGE」を活用するのがおすすめです。私ももちろん使っています。では特典配布を自動化するためのおおまかな流れを説明します。

まず、LPでの登録プロセスを設計することから始めます。特典配布用の登録フォームを設置。ユーザーが情報を入力した後に自動で特典をダウンロードできる仕組みを構築します。ちなみに、ユーザーが手間を感じずに特典を手に入れることができるよう、登録フォームの項目数を最小限に抑えること。シンプルなデザインを心がけるようにしましょう。

次に、登録者へのフォローアップを自動化することも検討します。UTAGEのステップメール機能を活用することで、特典を受け取ったユーザーに対して、定期的に関連情報等を伝えることができます。

さらに、効果を最大化するためには、特典内容をマーケティング戦略と連携させることが大切です。特典を通じて提供する情報が、ユーザーにとって有益であるだけでなく、その後のマーケティング活動と一貫性を持つように設計しましょう。例えばダイエットノウハウのサービスを展開している場合、特典内容におすすめのダイエットメニューを伝える。そしてその後ダイエットメニューを作る料理セミナーにも展開するなど「ダイエット」を軸に複数の商品展開を行い、LTVを上げることにつなげることもできます。

このように、UTAGEを活用して特典配布を自動化することで、時間と労力を節約しつつ、ターゲットの信頼性を高めることができます。この繰り返しによって見込み客を育成し、売上を最大化していきましょう。

Section 05

ステップメールで説明会や個別相談に誘導する

ステップメールの重要性と成約率を高める基本設計

さて、広告から次のステップに移ってもらうための方法として、「ステップメール」も効果的です。「ステップメールは昔流行った方法でしょう?」と思う人もいるかもしれませんが、まだ捨てたものではありません。しっかり情報を載せることで「メールを見てくれる」見込み客、つまり「濃い見込み客」を獲得するのにはステップメールは非常に効果的なのです。なによりステップメールは、単発のセールスメールとは違って段階的に情報を提供することで、購買意欲を高めることができます。メールを見てくれた「濃い見込み客」は今まさに顧客になろうとしている状態。そこに向かって個別相談や説明会の案内をすることで、より成約率は高まるというわけです。

ではまず、ステップメールの基本構成について考えてみましょう。ステップメールの基本構成は、通常、以下のような流れで設計されます。

最初のステップメールは、見込み客に特典を提供した後のフォローアップとして機能します。ここでは、特典の価値を再確認し、どのように活用できるかを伝えます。見込み客は特典を最大限に活用することで「この商品は自分にとって魅力的だ」と感じます。さらに、特典に関連する追加情報を提供することで見込み客はさらに興味を持ってくれるのです。

次に、信頼を深めるためのステップメールです。実はこのメールが非常に重要です。ここでは、あなたのこれまでの実績や顧客の成功事例を紹介し、見込み客に対して信頼感を伝えるパートだからです。見込み客が抱える可能性のある悩みや不安に対して回答する内容も良いですね。このメールによって見込み客はあなたの商品やサービスに対して安心感を持ち、「次に進んでみよう」と思うのです。

最後に、説明会や個別相談への案内を行うステップメールです。このメールでは、具体的な参加方法や参加することのメリットを伝えます。すぐに行動したくなるようにわかりやすい案内を心がけましょう。また、参加者限定の特典や特別なオファーを提供することで、参加意欲はさらに高まります。

3ステップをご紹介しましたが、ステップメールで伝える内容は、どれをとっても見込み客の心理状態に大きく影響します。特典の補足からスタートし、信頼を深める。そして最終的な行動を促すという流れを意識することで、見込み客を自然に成約へと導くことができるのです。

いかがでしょうか？　ステップメールで見込み客との関係がより強くなることがおわかりいただけたのではないでしょうか。

⑤UTAGEを活用してステップメールを自動化する

ステップメールは、見込み客との関係を深め成約へ導くための重要なツールだとお伝えしましたが、前述したように手動でメールを送ると時間も手間もかかってしまいます。ここで役立つのが、UTAGEです。UTAGEにはステップメールの配信を自動化する機能もついているのです。ここでは、UTAGEを使ってステップメールの配信を自動化するための基本的な設定手順を理解しましょう。

最初に、見込み客がアクションを起こしたときのメールシナリオを考えていきます。このシナリオは、例えば「特典をダウンロードした後」「ウェビナーに参加した後」などが考えられますね。

次に、各メールの内容と送信タイミングを決定します。メール内容は、見込み客の関心を引く情報や事例を提供し、徐々に信頼を築くような内容です。送信タイミングは、見込み客が情報を受取り、理解しやすいペースが良いですね。内容は多すぎても少なすぎてもNGなのでこはしっかり考えていきましょう。メールが届くたびに少しずつ興味が高まり、最終的な成約につながるのが理想です。

この順序に沿って、まずはステップメールの大枠を考えていきましょう。

UTAGEではメールの開封率やクリック率などのデータをリアルタイムで追跡できるため、改善のためのデータ分析も可能になります。

データ分析をする際には、次の4つがポイントです。

- 開封率を確認
- メールの件名や送信タイミングが適切かをチェック
- メール内のリンクのクリック率を分析
- メールの内容が期待通りの行動を促しているかを確認

ＵＴＡＧＥで自動化とデータ分析を活用しながら、効率的に売上を伸ばしていきましょう！

◎個別相談や説明会でバックエンドセールス

さて、ステップメールによって、個別相談や説明会に来られる見込み客が発生します。そこで大事なのは、バックエンドセールスです。ここが、バックエンド購入につながる正念場といってもいいでしょう。しかし、この場で単に商品の説明をするだけでは、期待した成果を得ることはできません。ここで求められるのは、顧客が自分ごととして課題を認識し、その課題を解決するために必要な行動を理解するように導く「コミュニケーション」です。ではそれを順番に説明していくことにしましょう。あなたはバックエンドを販売したいと思っている講師です。その上で読み進めてみてください。

まず、個別相談や説明会の冒頭では、参加者がリラックスして話しやすい環境を作ることが大切です。人は緊張していると、自分の悩みや疑問を素直に表現できません。そのため、最初に簡単なアイスブレイクを交えながら、自然な対話を促します。例えば「今日はなぜこの相談会に参加しようと思われたのですか？」「どこから来られたのですか？」といった気軽な質問から初めていきましょう。そうやって相手の話に耳を傾け、その内容を繰り返しながら共感を示すことで、安心感と信頼感が生まれ、同時にこの相談会に来た目的が見えてきます。

次に、顧客の課題を明確にしていきます。説明会に来る人は、何らかの課題を感じているものの、自分自身ではその課題の本質を理解できていない場合が多いです。ここでのテクニックが、現状と理想のギャップを可視化する手法です。

例えば、「現状の集客状況」と「達成したい売上目標」を比較し、その間にある差を数値やグラフで示すと、課題がわかりやすくなります。このとき、課題をただ指摘するのはNG。心を閉じてしまう可能性があります。そうではなく、「この部分を改善すれば、目指す売上に近づけそうですね」と、ポジティブな未来を見せることが大切です。

課題が共有されたら、その課題を解決するための道筋を提案します。ここで注意したいのは、商品説明を前面に出すのではなく、顧客が求めている結果を実現するための方法を示すことです。「このプログラムでは、SNS集客のポイントを学べます」ではぼんやりしています。そうではなく、「今のSNS運用に不足しているのは、ターゲットに響く投稿内容だとお見受けしました。私が提供するプログラムでは、そのポイントを体系的に学ぶことで、フォロワー数が少なくても売上につなげるノウハウを習得できます」と確度を高くしてあげる。すると、相手の興味関心はぐっと高まります。

さらに適宜、実績や事例を交えて信頼を深めましょう。とくに過去の成功事例を紹介する際は、単なる数字や実績を述べるのではなく、顧客がどのような課題を抱えていて、どのようにしてそれを克服したのかというストーリーを語ることが効果的です。例えば、「Aさんは、SNS投稿に時間をかけても集客につながらないことに悩んでいました。しかし、プログラムでターゲットのニーズを意識した投稿内容を学び、3カ月後にはフォロワー数は変わらないまま売上が2倍になりました」といった具体的な話を交えることで、共感と信頼が生まれます。実際私もこうした「鉄板ストーリー」をいくつも持っています。

なお、提案する際には、相手の了承を得る一言を忘れないことが大切です。話の流れに沿って、「ここまでのお話を聞いて、課題の解決策が見えてきたかと思いますが、もしよろしければ具体的なサポートの内容をご説明しましょうか?」と尋ねることで、相手は自然と聞く姿勢になります。これがあるのとないのとでは大違い！「許可を取るステップ」を挟むだけで、相手は「営業されている」という抵抗感が薄れ、内容を受け入れやすくなるのです。

そして最終局面のクロージングでは、相手の不安を丁寧に解消しましょう。誰でもそうですが、人は新しいサービスを申し込むとき、費用や効果への不安、時間的な負担など一気にネガティブ方向になりやすくなります。「本当に私にできるだろうか」「この金額を払うだけの価値があるだろうか」といった不安に対して、「サポート体制」や「過去の成功事例」「リスクを軽減する保証」などを示し、納得感を高めていくのです。

もうお分かりだと思いますが、個別相談や説明会でのバックエンドセールスは、商品を売り込む場ではないのです。「相手が抱える課題の解決策を一緒に見つける」プロセスそのものです。顧客の気持ちに寄り添い、丁寧に課題を共有し、解決策を提示することが信頼を生み、その結果として成約につながります。単なる説明で終えるのではなく、対話を通じて相手の心に響く提案を心がけること。それが、バックエンドセールスの成功に必ずつながります。

Section
06

Ｍｅｔａ広告の効果測定と最適化で成果を最大化

広告の効果測定の基本と見るべきＫＰＩを理解する

Ｍｅｔａ広告作成や、その後につなげるＬＰやステップメールに関してもお伝えしてまいりました。そのすべてにおいて、Ａ／Ｂテストを活用して効果測定をし、最適化をはかることが、広告運用を成功させるカギとなります。Ｍｅｔａ広告を運用していくためには広告のパフォーマンスを正確に測定、分析することが何より大切なのです。ＫＰＩ（Ｋｅｙ Ｐｅｒｆｏｒｍａｎｃｅ Ｉｎｄｉｃａｔｏｒ）がそれにあたるわけですが、ＫＰＩは広告の成果を定量的に評価するための指標であり、広告戦略の成功を判断するための重要な基盤です。そこで本章の最後となるここの項目ではＭｅｔａ広告におけるＫＰＩと、その活用方法について解説します。たくさん英語が出てきてしまいますが、ここではさらっと覚えておいていただけたらそれで大丈夫です。

まず、押さえておきたいのが「クリック率」(CTR:Click Though Rate)です。CTRは、広告が表示された回数(インプレッション数)に対して、クリックされた回数の割合を示す指標です。CTRが高いと、広告のクリエイティブやメッセージがターゲットに響いている、ということになりますが、だからといって必ずしも売上やコンバージョンにつながるとは限りません。

次に押さえておきたいのが購買単価(CPA:Cost Per Acquisition)です。CPAは、1件のコンバージョン(購入や問い合わせなど)を獲得するためにかかった広告費を示す指標です。なおCPAを表す計算式は次のとおりです。

CPA＝広告費÷コンバージョン数

CPAが低いほど、少ない広告費で効率よく成果を上げていることを意味します。一方で、CPAが高い場合は、広告運用やLPの改善が必要な可能性があります。

次に、コンバージョン率（CVR：Conversion Rate）です。コンバージョン率は、広告をクリックしたユーザーのうち、実際に商品を購入したり、サービスを申し込んだりした割合を示します。この指標は、広告がどれだけ売上に貢献しているかを直接的に示すものなので、とくに重要です。コンバージョン率を高めるためには、広告だけでなく、リンク先のLPの質や、オファー内容についても再度検討する必要もあります。

また、ROAS（Return On Advertising Spend）は、広告費に対する売上の割合を示す指標です。ROASが高いほど、広告費に対して効率的に売上を上げていることを意味します。ROASを意識することで、広告予算をどのように配分すべきか、どの広告キャンペーンが最も効果的であるかを判断することができます。

さらに、CPC（Cost Per Click）は、1クリックあたりの広告費を示します。CPCが高すぎると、広告予算がすぐに消化されてしまい、効率的な運用が難しくなります。そのため、CPCをコントロールしながら、クリック率やコンバージョン率を向上させることが求められます。

さまざまな指標をお伝えしましたが、それぞれ単独で見るのではなく、複合的に分析することが大切です。例えば、クリック率が高くてもコンバージョン率が低い場合は、広告のメッセージとLPの内容にギャップがある可能性がありますし、ROASが低い場合は、広告費用に見合った売上が上がっていないことを示しているため、そもそものターゲティングやクリエイティブの見直しが必要になります。

広告の効果測定は単なる数値の確認ではありません。ビジネスを成長させるための「判断材料」として活用しなければならないのです。最初のうちは、CTR（クリック率）とCPA（購買単価）を見るだけでも構いません。ここの指標を見るように習慣づけていきましょう。

成果が出ない原因と改善策を見極める

「広告運用をしたのに、期待通りの成果を上げられない！」そうやって悩んでいる方が私の周りにも大勢います。そのときよくお声がけしているのが、「成果が出ない原因を明確にしてみましょう！」ということです。そうすると、ターゲティングのミス、広告クリエイティブの質の低さ、ランディングページの問題などが見えてくる場合があります。ではここで1つ1つ見ていくことにしましょう。

まず、ターゲティングのミスについてです。これは、「広告が本来届けたい相手に届いていない」ことを意味します。例えば、年齢、性別、興味関心などの設定が不適切な場合、広告は関係のない人々に配信されてしまいます。これを改善するには、広告の管理画面でオーディエンスインサイトを確認し、ターゲット層の属性を再評価することが必要です。データをもとにターゲティングを細かく調整し、類似オーディエンスを活用する。そうすることでより精度の高い配信が可能になるはずです。

次に広告クリエイティブの質が低い場合です。とくに多いのが「キャッチコピーがイケていない」広告です。これでは、ユーザーの関心を引くことはできません。対処法としては、まず、ターゲットの興味関心を洗い直し、いくつかのキャッチコピーの組み合わせで複数のクリエイティブを作成し、A／Bテストを活用して、どのバリエーションが最も効果的かを検証するといいでしょう。いくつかテストを繰り返すとターゲットの心にヒットする広告文や画像、動画のパターンが見えてくるはずです。

また、LPに問題がある場合もあります。LPのデザインやコピーが何をターゲットに伝えたいのかわからない。メリットが訴求できていない。あるいは、特典が魅力でないこともあります。意外と見落としがちなのが、ＬＰの読み込み速度やモバイル対応です。モバイルだと画像が崩れてしまっている場合は、やはり申し込みにはつながりません。細かいところですがここもチェックしましょう。

さらに、広告のパフォーマンスを測るための指標にも注目しましょう。前述したクリック率（ＣＴＲ）、コンバージョン率（ＣＶＲ）、広告費用対効果（ＲＯＡＳ）などを定期的に確認し、予算の配分や広告の最適化を行います。これらの指標は、どこに問題があるかを特定するための重要な手がかりとなります。例えば、ＣＴＲが低い場合はクリエイティブの見直しを、ＣＶＲが低い場合はＬＰの改善を検討すると良いでしょう。

これらで集まった問題点をひとつずつ修正し、広告運用に反映させていく。そうすることが結果的に広告の成果の最大化につながります。

⑨ Ａ／Ｂテストを活用して広告のパフォーマンスを向上させる

これまでも、ことあるごとに「Ａ／Ｂテストをしましょう」とお伝えしてきましたが、広告のパフォーマンスを向上させる際は、特にA／Bテストが非常に重要な手法となります。では改めて、A／Bテストの基本概念を押さえておきましょう。A／Bテストとは、異なるバージョンの広告を同時にテストし、どちらがより良い結果を生むかを比較する方法です。

A／Bテストでは、ひとつの要素を変更した広告バージョンAとBを用意します。変更する要素は、広告クリエイティブ（画像や動画）、広告文、ターゲティング設定、配信時間、LPのデザインなど多岐にわたると思いますが、ここで重要なのは、「一度に複数の要素を変更しないこと」です。いっぺんに変えてしまうと「どの変更がパフォーマンスに影響を与えたか」わからなくなってしまいます。どの要素が結果に影響を与えたのかを明確にするためにも、必ず1つずつ！　が原則です。

それができたら、テスト結果を正しく分析しましょう。データを収集し、クリック率やコンバージョン率などのKPIを比較します。例えば、広告Aが広告Bよりも高いクリック率を示した場合、広告Aの要素がより効果的であると考えられます。「じゃあAでいこう」と思うのは早計です。なぜなら、クリックが多くても、最終的に購入や登録に至らなければ、広告の目的を達成したとは言えないからです。単にクリック率だけでなく、最終的なコンバージョン率も確認して、広告Aの反応がよければ「Aでいく」と考えていくようにしましょう。

A／Bテストの結果を次の広告戦略にどう反映させるかも重要です。成功した要素を次のキャンペーンに取り入れ、さらに別の要素をテストすることで、広告のパフォーマンスが段階的に良くなっていきます。

また、A／Bテストは一度行えば終わりではありません。継続的に実施するようにしましょう。なぜなら市場環境やターゲットの嗜好は常に変化するため、一度決めたものが「ニーズに合わなくなる」ことは十分に考えられるからです。逆にA／Bテストを継続的に行えば広告戦略全体が洗練され、より高い成果を生むことができます。

また、A／Bテストを行う際、テスト期間中は信頼に値する十分なデータをとることもお忘れなく。極端ですがたった1日で5つの結果だけでこの広告がいい！　と判断するのは危険です。数週間～数カ月など必ず一定の期間を設けてデータを蓄積し、信頼できる結論を導くようにしましょう。

予算配分の最適化と費用対効果を最大化する方法

よくある悩みのひとつに「広告費をかけた割に成果が出ない」というものがあります。これは、予算の配分が適切でないことが一因であることが多いです。広告は一度出したら終わり、でもありません。継続的に広告を出していくためにも、予算をどのように配分すれば費用対効果が出るか、ここでは考えていきましょう。

まず、予算配分の基本は、「どのキャンペーンにどれだけの予算を割り当てるか」を明確にすることです。これは、ターゲットオーディエンスの特性やキャンペーンの目的によって異なります。例えば、新規顧客の獲得を狙うキャンペーンでは、認知度を高めるための広告に多くの予算を割く必要があります。一方、既存顧客のリピート購入を促すキャンペーンでは、信頼構築や販売促進に重点を置いた広告に予算を配分します。

次に、費用対効果を最大化するためには、広告のパフォーマンスを継続的にモニタリングし、必要に応じて予算の調整を行うことが重要です。ここで役立つのが、広告のＫＰＩ（重要業績評価指標）を設定し、それに基づいて成果を評価する方法です。クリック率（ＣＴＲ）、コンバージョン率（CVR）、広告費用対効果（ROAS）、購買単価（CPA）などの指標を定期的に確認し、どこに問題があるのかをまずは確認しこれらの指標を理想的な状態に持って行くことです。

広告費の調整タイミングも重要なポイントです。例えば、キャンペーンの初期段階では、テスト的に複数の広告を出稿し、その中で最もパフォーマンスの良い広告に予算を集中させるのが効果的です。これにより無駄な広告費を削減し、より高いROI（投資利益率）を実現できます。また、コンテンツによっては季節やイベントに合わせた広告予算を取ることがありますよね。例えばクリスマスやバレンタインの前には広告を多めに出すなどそうした調整も考慮することで、より効果を発揮しやすい広告になります。

なお、高いROASを維持するためには、広告のクリエイティブやターゲティングを定期的に見直すことも重要です。市場のトレンドや消費者のニーズは常に変化しているため、広告内容もそれに応じて柔軟に対応する必要があります。とくに反応が出ている広告だとそれを変えるのが怖いと思ってしまうかもしれませんが、失敗とチャレンジを交互に繰り返すことでそれまでは知らなかった広告の「黄金パターン」が発見できることもあります。柔軟性も持って広告運用に挑んでいきましょう。

このように、広告予算の最適な配分と費用対効果の最大化には、戦略的な計画と継続的な改善が不可欠です。適切な予算配分と効果的なモニタリングを行うことで、広告キャンペーンの成功を確実なものにすることができるはず。まずは広告を出稿し、効果測定をするところから始めてみてください。地道なテストと改善の積み重ねにより、集客と売上を最大化する広告運用にたどり着く日がいつかやってきます。

Chapter 05

生成AIを活用し、集客と販売を効率化する

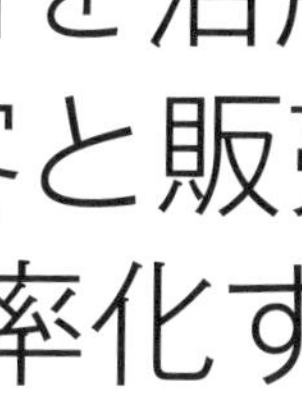

Section 01

生成ＡＩを活用して効率化を図る

生成ＡＩとは何かを正しく理解する

昨今、生成ＡＩの進歩は目覚ましく、私たちの暮らしやビジネスのさまざまな場面で活用されるようになりました。生成ＡＩとは、人工知能が人間のように文章や画像、動画を生成する技術のことをいいます。何より生成ＡＩの得意なことは、大量データを学習し、そのパターンをもとに新しいコンテンツを作り出すことです。

例えば、ＣｈａｔＧＰＴのようなテキスト生成ＡＩは、過去の会話データを分析し、自然な文章を生成することができます。このように生成ＡＩがマーケティング業務に与える影響は計り知れません。しかし、生成ＡＩを活用する際には、その限界も理解しておく必要があります。最終章となる5章では生成ＡＩの特徴とその使い方について具体的にお伝えしていきます。

生成AIで自動化できる業務とできない業務を見極める

生成AIを効果的に活用するためには、まず「どんな業務がAIに適しているのか」「適していないのか」を見極めることが重要です。

生成AIが得意とする業務にはいくつかあります。

1つ目が文章作成です。例えば、SNSの投稿やブログ記事の下書き、広告コピーの生成など、短時間で大量のコンテンツを作成することができます。

2つ目が画像生成や簡単なデザイン作成です。プロンプトを与えればそれに沿った画像をつくってくれるのです。

一方で、AIが苦手とすることもいくつかあります。

例えば、戦略設計やブランド構築といった「独自の戦略」を考えることはAIには向いていません。これらの業務は、企業の価値観や長期的なビジョンを反映する大事な決定で

AIと人間の役割分担

役割	AIができること	人間がやるべきこと
データの統合	既存の知識を整理・まとめる	どの情報が価値があるか見極める
組み合わせ	異なる分野のトレンドを統合	さらに独自の切り口を加える
新しいアイデアの創出	ある程度の仮説を提案	実際に試しながらブラッシュアップ

す。ＡＩの合理性だけでは対応できません。つまり、ＡＩはデータ分析の補助はできても、それらを分析して独自のアイディアや戦略を立てることは苦手なのです。

このように生成ＡＩを効果的に活用するためには、ＡＩに任せる部分と人間が関与する部分を明確に分けることが重要です。

③生成ＡＩを活用してマーケティングの負担を大幅に削減する

まず、ＳＮＳでは何より投稿のネタ切れが大きな問題です。生成ＡＩをＳＮＳ投稿に活用することで、投稿のアイデア出しやキャッチコピーの作成を自動化し、より効率的にコンテンツを作成することができます。例えば、特定のキーワードやテーマを入力することで、ＡＩがその内容に基づいた投稿案を提案してくれるため、質の高い投稿を短時間で量産することができます。

次に、ブログ記事の作成においては、ＳＥＯ対策や、定期的な更新が求められる上に、テーマ選定や文章構成に多くの時間を費やすことが悩ましい問題です。生成ＡＩを使えば、記事の骨組みを自動生成したり、特定のトピックに関する情報を効率的に集約したりすることができます。これにより、記事執筆の初期段階の作業をスムーズに進められ、圧倒的に時間短縮ができて、ライターはよりクリエイティブな部分に集中できるようになります。

また、広告クリエイティブの作成にも、生成ＡＩは大きな役割を果たします。

広告の成功にはターゲットの心をつかむクリエイティブが欠かせません。生成ＡＩを活用すれば、様々なバリエーションの広告コピーを短時間で生成することが可能です。Ａ／Ｂテストを行いながら、最も効果的なコピーを選定することで、短期間に広告のパフォーマンスを最大

● 生成AIを活用した各マーケティング業務の効率化プロセス

SNS投稿を短時間に量産

↓

ブログの構成案や情報収集

↓

広告クリエイティブ作成

↓

ステップメールを短時間で量産

↓

劇的な業務効率化を実現

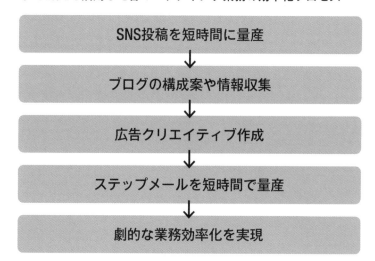

化することができます。

メールマーケティングにおいても、生成ＡＩは効果的です。顧客に対して定期的に配信するメールの内容をＡＩが自動で作成することで、担当者の負担を軽減し、よりパーソナライズされたメッセージを届けることができます。特に、メールの件名や導入文でＡＩの力を借りることで、開封率を向上させることが期待できます。

このように生成ＡＩはさまざまな場面で、高い業務効率化を実現することができるのです。

⑬ 生成ＡＩを使ってアイデアを生み出し、創造的な業務に活かす

さらに生成ＡＩは、新しいアイデアを生み出すための強力な支援ツールとしても活用できます。特に、マーケティングやコンテンツ制作において「アイデアが出ない」ということがありますよね。そんな時、生成ＡＩを利用することで、新たな視点やインスピレーションを得ることができます。ＡＩによって生成されたアイデアの中には「その視点はなかった！」と思うモ

ノもあります。積極的に使うことでアイデアのヒントを得ることができるでしょう。

では、実際どんな風にアイデアを出せばよいか、ChatGPTを使って考えてみましょう。といっても「○○テーマに関する新しいコンテンツのアイデアを教えて」とプロンプトを入力するだけ。簡単ですよね。

また、「さらに違う視点で10個のコンテンツアイディアを出して」といえばさらに出してくれます。ただ、出してくれたものが一般的すぎたり、ターゲットに合わなかったりする場合もあります。そのときは、AIが提案する内容をベースにしつつ、自分自身の経験や知識を活かして内容を調整し、独自性を持たせるようにしていきましょう。

生成AI活用のリスクと注意点を理解し、効果的に運用する

これまで述べてきたように、生成AIはマーケティングやコンテンツ制作において非常に便利なツールですが、活用する際にはいくつかのリスクと注意点があります。ここでは代表的なものを2つご紹介します。

1つ目は、提供する情報が必ずしも信頼に値するものではない、ということです。例えば、ＡＩは過去のデータをもとにテーマに沿った文章を生成しますが、そのデータが最新のものであるとは限りません。ビジネスのトレンドや法律の変更に関する情報は、古いデータに基づいている可能性があるため、「事実と違う」こともありうるのです。ＡＩが生成した内容をそのまま使用するのではなく、必ず事実確認を行うようにしましょう。

もう1つは、著作権侵害やコンプライアンス違反したコンテンツを出してしまう可能性があることです。ＡＩはデータを集積してコンテンツを生成するため、場合によっては他者の著作物と似通った文章やデザインを出してしまうこ

● 生成AI活用のリスクと注意点

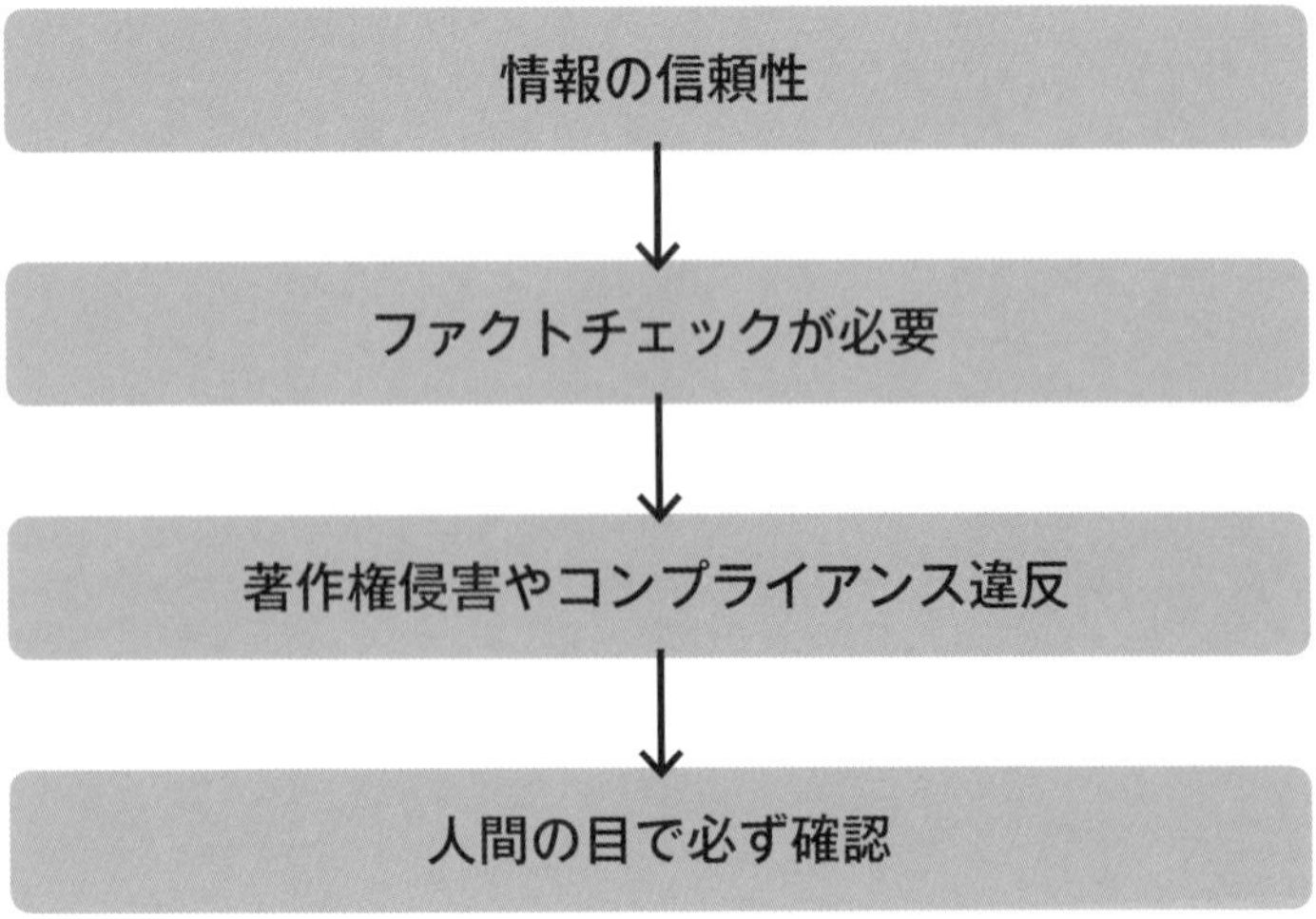

とがあります。ここから、著作権侵害のリスクが生じることがあります。同様に、ＡＩが生成したコンテンツが不適切な表現を含んでいることもあります。

ＡＩの活用においては、特に情報の正確性と倫理性に注意を払い、生成されたコンテンツがビジネスのブランドイメージに合致しているか、人間の目で必ず確認することが重要です。

Section 02

ChatGPTを使ってみよう

ChatGPTの基本機能を理解して効果的に活用する

生成ＡＩの中でもとくに多くの人に使われているのが、ＣｈａｔＧＰＴです。ＣｈａｔＧＰＴは、最新の自然言語処理技術を搭載した生成ＡＩで、主な機能はテキスト生成にあります。指定されたテーマに基づいて文章を自動生成するのが得意なため、ブログ記事やＳＮＳの投稿、広告コピーなどのコンテンツを効率的に作成することができます。なお、要約の機能も備えており、長文の文章を短く要約することができます。これにより、情報を簡潔に伝えることができ、レポートやメールの作成時に役立ちます。

さらに、翻訳機能もあります。ＣｈａｔＧＰＴは、多言語に対応しており、異なる言語間でのテキスト翻訳を行うことができます。忘れてはいけないのがアイデア出しのサポートです。

新しいプロジェクトやキャンペーンのコンセプトを考える際に、ChatGPTにアイデアを出してもらうことで、自分の中にはない考えを知る手掛かりとなります。

これらの機能を備えたChatGPTですが、その使いやすさにも特徴があります。ユーザーが入力した質問に対して適切な回答を返してくれるため、まるで会話をするように欲しい答えをもらうことができます。このようにChatGPTは、ビジネスの成長を支える重要なパートナーといえるだけのポテンシャルを持っているのです。

● ChatGPT（https://chatgpt.com/）

ChatGPTのアカウント登録から基本的な使い方までを解説

ChatGPTは「チャットで打ち込むように」直感的に操作できるツールですが、「便利そうだけど、具体的にどうやって始めればいいの?」と思われる方も多いのではないでしょうか。そこでまずは基本的な使い方をマスターしていきましょう。

ステップ1：ChatGPTのアカウントを作る

まずはOpenAIのアカウントを作成します。以下の手順で簡単に登録を行うことができます。

準備するもの

- メールアドレス
- パスワード（設定用）
- スマートフォン（認証用）

登録手順

①OpenAIの公式サイト（https://openai.com/）にアクセス
②サイト内の「サインアップ」ボタンをクリック
③名前、メールアドレス、パスワードなどの必要な情報を入力

ここではメールアドレスでの登録をおすすめします。SNS連携アカウントとすると、SNSを利用しなくなった際にトラブルが発生することもあるためです。

ステップ2：ChatGPTにログインする

アカウント作成が完了したら、次にChatGPTのページにログインしましょう。

①ChatGPTのページ（https：//openai.com/blog/chatgpt/）にアクセス
②作成したアカウント情報でログイン
③「ChatGPTを実行する」ボタンをクリック

これでＣｈａｔＧＰＴの画面が表示され、利用できる状態になります。

ステップ3：プロンプトを入力する

ここからが本番です。ＣｈａｔＧＰＴを活用する際のキーとなるのが「プロンプト」の入力です。プロンプトとは、ＣｈａｔＧＰＴに対して指示する文章のことを言います。

画面にはテキストを入力するための入力欄が表示されています。ここに具体的な指示を書いていきます。

例えば以下のように聞いてみましょう。

「ブログ記事のタイトルを3つ提案してください」
「オンライン講座のキャッチコピーを考えてください」
「SNSの投稿文を作成してください」

より良い結果を得るためには、目的や条件を明確に書くことが大切です。例えば「ＳＮＳを活用したコンテンツを重視してください」「ターゲットは30代の女性です」といった具体的な指示を加えると、より適切な回答が得られやすくなります。

ステップ4：結果を確認して調整する

プロンプトの入力が完了したら、ＣｈａｔＧＰＴを実行させて、その結果を確認します。

ＣｈａｔＧＰＴの基本的な操作はこれだけです。思っていたよりシンプルだと感じていただけたのではないでしょうか？

初めのうちは思ったような結果が得られないこともありますが、使えば使うほど効果的なプロンプトの作成や指示の出し方に慣れていきます。ぜひさまざまな用途で試してみてください。

ChatGPTの無料版と有料版の違いを理解し最適なプランを選ぶ

ＣｈａｔＧＰＴは、多くのビジネスシーンで活用されていますが、その選択肢として無料版と有料版があります。これらのプランにはそれぞれ異なる特徴があり、どちらを選ぶかは業務内容や必要な機能によって異なります。まず、無料版の最大のメリットは、その名の通りコストがかからないという点です。これは、予算が限られている起業家や個人事業主にとって大きな魅力です。無料版でも基本的な質問応答や文章生成は可能であり、簡単なタスクには十分対応できます。

一方、有料版、特にGPT-4といった上位モデルは、より高精度で複雑なタスクに対応できる能力があります。例えば、長文の文章生成や専門的な内容のコンテンツ作成においては、GPT-4の方が優れた性能を発揮します。また、有料版では、無料版に比べて応答速度が速く、より多くのリクエストを処理できるため、業務効率を高めたい場合に向いています。さらに、無料版と有料版の違いとして、利用可能なAPIの制限があります。ビジネスでChatGPTを本格的に活用する際には、APIを通じてシステムと連携させることが多いため、有料版の方が柔軟な運用が可能です。

ということで日常的な業務で簡単な質問応答や軽い文章生成が目的であれば、無料版で十分かもしれません。また、初めてAIを導入する場合や、どの程度の頻度で利用するかを見極めたい段階では、無料版から始めてみてもいいでしょう。

一方で、業務量が多く、特に専門性の高いコンテンツ作成や大量のリクエストを処理する必要がある場合は、有料版を検討する価値が十分あると思います。費用対効果を考慮し、月々のコストが業務効率の向上や売上の増加に見合うものであれば、有料版の導入はむしろ良い買い物となりますね。

もちろん、無料版で始めてみて、必要に応じて有料版にアップグレードするという段階的な導入もＯＫ。ご自身の使用するであろう頻度や目的によって選んでいただければと思います。

ChatGPTの無料版と有料版の比較表

項目	無料版（Free）	有料版（ChatGPT Plus）
利用可能なGPTモデル	GPT-3.5	GPT-4-turbo
応答速度	普通	高速
回答の精度	一般的なレベル	より高精度・洗練された応答
利用制限	1日の利用回数に制限あり	制限なし（緩和）
プラグイン利用	不可	可能
データ分析機能	不可	可能
ファイルアップロード	不可	可能
画像生成（DALL-E）	不可	可能
コード実行	不可	可能
月額料金	無料	$20/月

◎ＣｈａｔＧＰＴを最大限に活用するためのプロンプト設計のコツ

この超便利なＣｈａｔＧＰＴを効果的に活用するために、もうひとつ忘れてはいけないことがあります。それが、「プロンプトの設計」です。プロンプトとは、ＡＩに対して与える指示のことを指し、これが適切であればあるほど、ＡＩからの回答も質の高いものになります。

では、プロンプトを設計する際は何が必要なのでしょうか。ポイントは３つあります。

１つ目は「具体性」と「明確さ」を心がけることです。例えば、「マーケティングに関するアドバイスをください」という漠然とした指示だとＡＩは何を答えたらいいのかわからずぼんやりとした回答になってしまいます。この場合、「ＳＮＳを活用したターゲット層へのアプローチ方法を教えてください」といった具体的なプロンプトの方が、より的確な回答を引き出せるのです。

２つ目は、「目的を明確にする」ことです。何を求めているのかをはっきりさせることで、ＡＩがその目的に沿った回答を提供しやすくなります。例えば、「新商品のキャッチコピーを考えてください」というプロンプトに対しては、どのようなイメージやコンセプトを伝えたいのかを追加で説明すると、ＡＩがより適切なコピーを提案しやすくなります。

3つ目はプロンプトに「条件や制約」を加えることです。例えば、「100文字以内で説明してください」や「若年層に向けたトーンで」といった条件を付けることで、AIはより狙いを定めた質の高いコンテンツを生成することができるのです。

この3つを意識すれば、ほぼあなたが欲しい回答を得られます。もうひとつ付け加えるなら、「段階的に情報を提供する」ことも考慮に入れると良いです。複雑な質問や長い回答を求める場合、一度に多くの情報を与えるのではなく、それぞれの段階でAIの回答を確認しながら進めていくのです。

これにより、AIの回答の質をこまめに調整していくことができるので、最終的に求める情報にたどり着きやすくなります。

「できるかな?」と思うかもしれませんが、まずはやってみる! 何回も質問を投げかけながら、コツをつかんでいっていただければと思います。

Section 03

ChatGPTをマーケティングに活用しよう

ChatGPTを活用して効果的なSNS投稿を作成する

ＳＮＳは現代のビジネスにおいて、顧客との関係を築くための重要なツールですが、毎回の投稿を考えるのはとっても大変ですよね。そこで、ＣｈａｔＧＰＴの出番です。では実際、ＣｈａｔＧＰＴを使ってＳＮＳ投稿文を考えていきましょう。

まず、効果的なキャッチコピーを生成するために、ＣｈａｔＧＰＴに具体的な指示を与えます。例えば、「新商品を紹介するキャッチコピーを作成してください。トレンド感があり、若者に響くものをお願いします」と打ち込んでみましょう。すると、数秒で次のような回答がでてきます。

新商品の特徴を教えていただければ、よりピッタリなキャッチコピーを作成できます！
例えば……商品の種類（アパレル、コスメ、ガジェット、食品など）ターゲット（10代、20代、男性・女性など）強み（トレンド性、機能性、SNS映えなど）ざっくりでもOKです！　教えていただければ、トレンド感のあるキャッチコピーを考えます

すごいですよね！　ざっくりとした質問からはじめても、このような自然な会話のやり取りで、的確な質問を返してくれるのです。ＣｈａｔＧＰＴが返してきた質問にどんどん答えていくだけで、投稿のキャッチコピーだけでなく、投稿文の原稿やリールの原稿までなん十通りでも、短時間に作成してくれるのです。

まずは、タイトルに使えそうなキャッチコピーを50個くらい一気に吐き出させます。そのあとに、「１つ１つのタイトルに対して、10枚スライド投稿の案を出して」や「１つ１つのタイトルに対して、60秒のリール動画のシナリオを書いてみて」などのプロンプトで、驚くほど短時間に１００回分のフィード投稿とリール投稿を作成できます。エンゲージメントを高めるため

には、読者が参加したくなるような要素を投稿に盛り込むことが有効です。ＣｈａｔＧＰＴにアンケートやクイズのアイデアを出させることで、フォロワーが自然にコメントやリアクションを残したくなるようなストーリーズも作成しましょう。

ChatGPTで広告コピーを作成しクリック率を向上させる

ＣｈａｔＧＰＴで広告コピーを考えることもできます。とくにＷｅｂ広告は文字数が限られている中で、いかに効果的にメッセージを伝えるかがカギになります。

広告コピーを考える際には、ターゲット層の特性や広告の目的を明確にし、それに基づいたプロンプトを設定するようにしましょう。例えば、「20代女性向けに、肌に優しいスキンケア商品の魅力を伝えるコピーを作成してください」といった具体的な指示が有効です。

また、Ａ／Ｂテストに備えて、異なるパターンのコピーを複数生成しておくのも良いですね。例えば、同じ化粧品の広告でも、「肌に優しい」を強調したコピーと、「自然由来成分」を強調したコピーの2種類を作成し、実際にどちらがクリック率が高いかをテストするとよりニーズに合った広告を出すことができます。

さらに、感情を動かすフレーズを活用することで、さらにクリック率は上がるはずです。例えば「あなたの肌を守る新しい日常を始めましょう」といったフレーズは、共感を呼び起こし購買意欲を刺激します。

ChatGPTを活用すると素敵な広告コピーがいくつもできそうですね。そうやっていくつも試していくことで、あなたの中にも「これは反応がいいな」というキャッチコピーが次第にわかってくるようになります。

ChatGPTを活用してブログ記事を効率的に執筆する

ブログ記事の生成にもChatGPTは大きな役割を果たしてくれます。記事の構成を考えるところからChatGPTを使用していきましょう。まず「○○のテーマに関連するSEOキーワードを教えてください」と尋ねることで、関連するキーワードがわかり、これらのキーワードを記事全体にバランスよく組み込むことで、検索エンジンに引っかかりやすくなります。

次に記事のテーマや目的を明確にした上で、「○○のテーマでブログ記事を書くための構成案を教えてください」というプロンプトを打ち込みます。するとＣｈａｔＧＰＴが記事の骨組みを提案してくれるため、記事の見出しやサブテーマが決まり執筆しやすくなります。

また、ブログの見出しを考える際には、「このトピックに最適な見出しを３つ提案してくださ い」といったプロンプトを使用し、複数の案を出してもらいます。その中から最適なものを選び、本文の執筆に移りましょう。本文を書く際には、「この見出しに沿って３００文字程度の段落を書いてください」と指示することで、具体的な内容をＡＩに生成させることができます。

なお生成された文章はしばしば単調になりがちですので、語彙を豊かにしたり、文章のリズムを調整したりして、「読みやすい」「わかりやすい」文章にするように手を加えましょう。ちなみにＡＩが生成した情報は常に正確とは限らないため、事実確認を行い、必要に応じて内容を修正することも忘れずに。

このようにＣｈａｔＧＰＴを活用することで、ブログ記事執筆のプロセスを効率化し、質の高いコンテンツを短時間で作成することができます。これなら量産化も怖くありませんね！

ChatGPTを使って効果的なメルマガを作成する

ChatGPTはメルマガ作成にも使えます。

まず、ChatGPTを使ってターゲットの関心を引く件名を作成します。件名は、メルマガの開封率を左右する重要な要素。ChatGPTに、ターゲットが興味を持ちそうなトピックやキーワードを入力し、複数の件名案を生成させ、一番良いと思ったものを採用します。

次に、メルマガの本文作成です。とくに読者の行動を促すためには、ストーリーテリングを活用したライティングが効果的です。ChatGPTに、記事のテーマや伝えたいメッセージを入力し、文章を生成します。このとき「読者が共感しやすいストーリーやエピソードを取り入れて」とプロンプトに打ち込むとそのとおりに作ってくれます。導入部で興味を引き、中盤で価値ある情報を提供し、最後に行動を促すCTAがくるようにChatGPTを使って文章を生成してもらいましょう。

メルマガにおいても、最後に、必ず変な表現はないかなどをチェックし、読者の心に届くメルマガに仕上げていきましょう。

Section 04

生成AIを活用する上での注意点

AIの文章は単調になりやすいため個性を加える工夫をする

これまで生成AI、とくにChatGPTの活用法をお伝えしてきました。しかし一方で、ChatGPTの活用には注意点があります。その一つが「文章表現が単調になりやすい」というものです。

ChatGPTは「情報から整った文章を書く」ことは得意なのですが、感情に訴えかけるような凝った文章は得意ではないのです。それはWebマーケティングにおいては致命的です。Webマーケティングでは、単に情報を伝えるだけでなく、読者の感情に訴えかけたり、あなたの個性を発揮したりすることがとくに重要だからです。

では、感情に訴えるような文章はどうすれば作成できるのでしょうか。それには、読者の感情を動かす言葉を「あなた自身で」なるべく多く入れ込むことです。

例えば、感動的なエピソードや共感を生むストーリーを織り交ぜる。商品やサービスを紹介する際には、単なる機能や特徴を羅列するのではなく、その商品がどのように生活を変えるのか、どんな価値を提供するのかを具体的に描写する。

さらに、あなたの価値観やスタンスを取り入れるのも大切です。例えば、親しみやすさを大切にした商品・サービスであれば、フレンドリーでカジュアルな表現にする。一方で、高級感を演出したい場合は、洗練された言葉遣いや格式のある表現にすると、あなたの出す商品やサービスに一貫性を持たせることができます。

このように、ＡＩの生成する文章をベースにしつつ、人間の視点を加えることで、より人間味あふれた文章をつくることができます。決してＡＩだけに頼ることはせずひと手間加えた文章作成を心がけるようにしましょう。

◎AIの情報には誤りが含まれるため事実確認を徹底する

ＡＩによる情報提供は非常に便利で迅速ですが、誤った情報を出してしまうことがあります。これは、ビジネスには大きなリスクとなります。そのため、ＡＩが生成した情報をそのまま使用するのではなく、信頼できる情報源と必ず照らし合わせて正誤を確認するようにしましょう。もちろん、インターネット上にあるからといってそれをうのみにするのも危険です。

確認の際には、信頼性の高いサイトや、専門家が執筆した記事、第一次情報と呼ばれる公式なデータベースなどを活用して、ＡＩが提供した情報と比較し、事実確認を行うようにしましょう。ＡＩが生成した情報の要点を整理し、それがどのようなデータに基づいているかを確認する。その上で改めて文章をチェックします。このとき、ＡＩが生成した情報と公式サイト等とで異なる点があれば、どちらの情報がより信頼性が高いかを判断し、必要に応じてＡＩの情報を修正するようにしましょう。

また、ＡＩが苦手とする領域を見極めておくことも重要です。ＡＩは過去のデータをもとに回答を生成するため、最新の情報や専門的な知識を要する法律や規制の変更、新しい技術の開発、特定の業界のトレンドなどは苦手なのです。この分野を扱う時はとくに注意し、自らも情報が正確かどうか、入念にチェックしましょう。

このように、生成ＡＩを活用する際には、情報の正確性を確認する手順を徹底し、信頼性を確保することは欠かせません。逆に言えばそうしたチェックを徹底すれば、顧客から信頼され長期的な関係を築くことができるでしょう。

AIの文章は長文になると論理が破綻するため構成を工夫する

ＣｈａｔＧＰＴは短文の生成は得意ですが、長文になるとコンテキストを維持するのが難しくなり、論理が破綻することがあります。これを避けるためには、文章を構成する際にいくつか工夫することが大切です。

１つは、「文章を短いブロックに分ける」ことです。これにより、ＡＩが一度に処理する情報量を減らし、各ブロックごとに焦点を当てた内容を生成することができます。仮に長い説明を必要とする場合でも、段落ごとに異なるトピックや要点に分け、それぞれを独立した小さな文章として生成し、その後にそれらをまとめることで、全体として一貫性のある文章を作ることができます。

ちなみにその際は、各段落ごとに要点を整理することも重要です。段落の冒頭でその段落の要点を簡潔に示しておくと、文章が段落ごとにまとまりのあるものになり、全体として読みやすくなります。

もう1つは「アウトラインを事前に作成してからChatGPTに指示を出す」ことです。アウトラインを作ることで、文章の流れや重要なポイントが明確になり、ChatGPTが生成する内容がアウトラインに沿ったものになり、結果として論理的な文章をつくることができるのです。これらを工夫することで論理的で一貫性のある文章を作成することができます。生成AIとはいえ、やはりその精度には限界があることを理解し、その上で適切に活用する。それが質の高いコンテンツを作成する近道といっていいでしょう。

AIの活用にはリスクがあるため適切な使い分けを意識する

これまで見てきたように、生成AIは非常に便利なツールであり、多くの業務を効率化してくれます。しかし、万能ではありません。ビジネスの核となるブランディングや戦略設計のような深い思考を必要とする作業において、ＡＩに過度に依存することは危険です。

まず、ＡＩを活用する際には、その得意分野を理解すること。そして最終的なコンテンツのチェックや商品・サービスの方向性を決める作業は、人間が行うことが重要です。ＡＩが提案したアイデアをベースに、独自の視点を加えていくことで、より魅力的なコンテンツを作り上げることができます。いわば「役割分担」を行うことでこれまでにはない商品やサービスのキャッチコピーが生まれたり、アイディアも生まれていくことでしょう。

最後に、各種コンテンツを最速で生成させるＡＩプロンプトや、この本の中でご案内した内容の解説動画を読者プレゼントとしてご用意しています。目次ページに詳細を掲載していますので、ぜひお受け取りいただきご活用いただければ幸いです。

おわりに

この本を書き終えるにあたり、多くの方々への感謝の気持ちで胸がいっぱいです。

まず、私の集客法を信じ、実践してくださったクライアントの皆様に心からお礼を申し上げます。みなさまの「できた！」という喜びの声が、私の原動力となり、この本を書くきっかけとなりました。

SNSに振り回され、毎日の投稿に疲れ果てていた方が、仕組化によって自由な時間を手に入れ、家族との時間を取り戻された姿。売上が伸び悩んでいた方が、正しい集客の順番を知ることで、確実に成果を出せるようになった瞬間。そして何より、「自分らしい方法が見つかった」と晴れやかな表情を見せてくださった時。そんなみなさまの姿に、私も大きな喜びと学びをいただきました。

また、この本の企画から出版まで、多大なサポートをしてくださった編集者の方々、スタッフの皆様にも深く感謝申し上げます。的確なアドバイスと温かい励ましのおかげで、想いを形にすることができました。

そして、常に新しいチャレンジを支えてくれている家族にも心から感謝しています。

最後に、この本を手に取ってくださった読者のみなさま。この本が、あなたのビジネスの成長への一助となれば、これほど嬉しいことはありません。

オンライン集客の世界は日々進化し続けています。しかし、「認知、共感、信頼、行動」という本質は変わりません。この本で学んだ方法を基礎に、あなたらしい集客の仕組みを作り上げてください。

そして、もし道に迷った時は、この本に書かれた原則に立ち返ってみてください。きっと、次の一歩が見えてくるはずです。

みなさまの更なる飛躍を、心より願っています。

いつの日か、あなたの成功物語を聞かせていただけることを、今から楽しみにしています。

オンライン集客・出版コンサルタント　アポロン陽子

著者紹介

アポロン 陽子（あぽろん ようこ）

オンライン集客・出版コンサルタント/アポロアカデミー代表

商品やサービスのオンライン化、Webを活用した集客をサポート。英語教室・パソコン教室を17年運営。マイクロソフトオフィシャルトレーナーとしてパナソニック、富士通、NEC、キヤノンなどでパソコン指導と大手企業でのテクニカルサポート約10万人の経験を活かし、初心者にわかりやすく、最短で学べるコースにて、ストアカ集客、インスタグラム集客、電子書籍集客、UTAGE構築コンサル、商業出版コンサルまで、幅広くノウハウを提供。

クライアントの躓きポイントをすばやく見つけ、最速の解決策を提案するコンサルが得意。

仕事のオンライン化と、効率化により、パソコン1台で自由に働き、喜びとやりがいに満ちた仕事の実現と、その先の豊かな人生を多くの人に叶えてもらうことを目指し邁進中。

Youtubeチャンネル
「はじめてのオンライン起業アカデミー」
https://www.youtube.com/@ApolloAcademy1

ゼロからはじめて、大きく稼ぐ!

オンライン集客の教科書

2025年3月29日　初版第一刷発行

著　者　アポロン 陽子
発行者　宮下 晴樹
発　行　つた書房株式会社
〒101-0025　東京都千代田区神田佐久間町3-21-5　ヒガシカンダビル3F
TEL. 03（6868）4254
発　売　株式会社三省堂書店/創英社
〒101-0051　東京都千代田区神田神保町1-1
TEL. 03（3291）2295
印刷／製本　株式会社丸井工文社

ISBN978-4-905084-90-7